快乐阅读系列·四季卷

在风吹麦浪里轻舞飞扬

◎总 主 编：向启新

◎本书主编：彭 琼

花山文艺出版社

图书在版编目(CIP)数据

在风吹麦浪里轻舞飞扬：四季卷 / 彭琼主编. – 石家庄：花山文艺出版社，2004.12(2021.5 重印)

("读·品·悟"快乐阅读系列 / 向启新主编)

ISBN 978-7-80673-558-9

Ⅰ.①在... Ⅱ.①彭... Ⅲ.①语文课—课外读物 Ⅳ.①G634.303

中国版本图书馆 CIP 数据核字(2004)第 111953 号

丛 书 名：快乐阅读系列

总 主 编：向启新

书　　名：在风吹麦浪里轻舞飞扬(四季卷)

主　　编：彭　琼

策　　划：张采鑫

责任编辑：于怀新

特约编辑：李文生

责任校对：李　鸥

全案设计：北京九洲鼎图书有限公司

出版发行：花山文艺出版社(邮政编码：050061)

　　　　　(河北省石家庄市友谊北大街 330 号)

销售热线：0311-88643221

传　　真：0311-88643234

印　　刷：永清县晔盛亚胶印有限公司

经　　销：新华书店

开　　本：710×1000　1/16

印　　张：10

字　　数：180 千字

版　　次：2004 年 12 月第 1 版
　　　　　2021 年 5 月第 4 次印刷

书　　号：ISBN 978-7-80673-558-9

定　　价：36.00 元

四季卷

学海点悟

这里,有春的梦幻,夏的斑斓,秋的纯净,冬的柔情;这里有月的轻盈,雨的清新,虹的瑰丽,云的飘浮,水的平静……这一切的一切,无不令人凝神静思,无不吸引着们去探寻四季、拥抱四季、欣赏四季、享受四季。

本篇分为春之散章、夏日意象、秋韵、冬殇四个主题。不仅描写自然的四季,也感悟人生的四季。通过对自然界四季的描写和歌颂,也表达出对人生的思考和对人生的赞美。

春是四季之首,它像一位美丽而又多情的少女,翩翩而来,又匆匆而去,绿叶做衣,红花裁裙,柳枝是她飘拂的长发,星星是她月亮的眼睛,小鸟是她的歌,清风是她的舞,掀起她羞涩的面纱,那下面有几多情柔、几多恬静。花是春的请柬,当你掬起心中的期望,把握着北国开拓的犁,在冻土的流程中上溯,北方的地平线上便出现一片欢愉的天空。雪的块垒被温馨和明媚冲散,耕耘的雷声在冰封的大地上炸响,于是,在春的枝条上,绽开春的花朵。热爱生活的人,

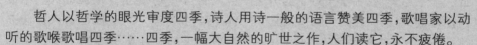

哲人以哲学的眼光审度四季,诗人用诗一般的语言赞美四季,歌唱家以动听的歌喉歌唱四季……四季,一幅大自然的旷世之作,人们读它,永不疲倦。

这里,有春的梦幻,夏的斑斓,秋的纯净,冬的柔情;这里有月的轻盈,雨的清新,虹的瑰丽,云的飘浮,水的平静……这一切的一切,无不令人凝神静思;无不吸引着人们去探寻四季、拥抱四季、欣赏四季、享受四季。

本篇分为"春之散章"、"夏日意象"、"秋韵"、"冬殇"四个主题。不仅描写自然的四季,也感悟人生的四季。通过对自然界四季的描写和歌颂,也表达出对人生的思考和对人生的赞美。

春是四季之首,它像一位美丽而又多情的少女,翩翩而来,又匆匆而去,绿叶做衣,红花裁裙,柳枝是她飘拂的长发,星星是她月亮的眼睛,小鸟是她的歌,清风是她的舞,掀起她羞涩的面纱,那下面有几多情柔、几多恬静。花是春的请柬,当你掬起心中的期望,把握着北国开拓的犁,在冻土的流程中上溯,北方的地平线上便出现一片欢愉的天空。雪的块垒被温馨和明媚冲散,耕耘的雷声在冰封的大地上炸响,于是,在春的枝条上,绽开春的花朵。热爱生活的人,

对待春天就像珍惜自己的生命般真挚而执著。一丝毫不起眼的绿，一抹微不足道的青，却会使他眸子闪亮，心潮生辉，幸福荡漾。春天对于热爱它的人，无时无刻不在散发着股股神奇的生命力。

夏天，是一幅绿的水彩。夏夜，清凉、雅致；夏雨，如夏之初恋。从草长莺飞的南国步入夏的门槛，带着春光，带着希望被摄入收获的镜头。夏是粗暴的，她常用浓烈将你推入岩浆的炉火；夏是温柔的，在你饥渴的胸腹间印下初吻，给你以甘霖，给你以成长的力。本篇所选《夏天的意象》所写的夏天似乎是人们在欣赏一幅水彩画，文章声韵和谐，描写也特别生动传神。《夏之雨》对夏天雨前、雨中、雨后的情景描写形象生动，诗化的语言告诉读者：人在大自然面前不应屈服。这一切都显示出自然景物与人生感悟的完美结合。

秋天，有她自己特殊的韵味，如果说春天是绿色的，那么秋天就是金色的。"一年好景君须记，正是橙黄橘绿时"，多美的秋景啊！秋天本身就是诗，就是画。我们的思想张开翅膀在秋原上飞翔，如花的红叶，橙黄的柿子，珠光宝气的葡萄，红灿灿的苹果……秋天，是收获的季节；秋天，是诗的季节；秋天，是画的季节。但也有人说，秋天，是一种开始。

剪去秋枝的婀娜，抹去枫叶的火红，冬，以不可阻挡的气势大踏步而来。不必回避，也别顾虑，请搓搓你冻红的手，哈一口热气，与冬天来一次最热烈的亲近。亲近冬天，就等于亲近了四分之一的人生，就等于重温了父辈硕大的手掌的抚摸，它会给你壮阔的胸襟，让你吟出白雪般的诗篇。冬天来了，春天还会远吗？本篇所选著名作家田香儒的《冬天》，对冬天的阐释更是高明："冬是可敬的"，"如果不是冬的佑护，怎会有鱼儿在春波涨绿时的嬉戏"，"如果不是冬的养育，怎么有百花在杨柳春风的竞放"，冬天可以冻住土地，却冻不住生命。

读完本书，你一定会被那诗一般的语言，画一般的美景和文章中那些启迪人心灵的哲理所陶醉、所沉迷。

目录

一、春之散章

在风吹麦浪里轻舞飞扬

三、秋 韵

作文链接

四、冬 殇

作文链接

春之散章

四季卷

蔚蓝的天上飞来一只白鸽，那该是春天的使者，带给人间一些春讯。

凡是遥远的地方

对我们都有一种诱惑

不是诱惑于美丽

就是诱惑于传说

即便远方的风景

并不尽如人意

我们也无需在乎

因为这实在是一个

迷人的错

仰首是春　俯首是秋

愿所有的幸福都追随着你

月圆是画　月缺是诗

到远方去　到远方去

熟悉的地方没有景色

春天到了 / ···佚 名

春天到了,屋后的小溪突然活泼起来,整夜听着她轻快的脚步声一路跳跃。

初搬到山上时,正值严冬,又是风又是雨的。我只好蛰伏在我的小屋里,透过大大的玻璃窗,看云天夕阳的变幻,山间晓雾的弥漫。除此之外,就是这条小溪终日为寂寞深山加添一些生动的音符。我一直没见过小溪的模样,但我和她却是那样熟识。深沉的夜里,当我读累了,写疲了时,我就放下书,搁下笔,静静聆听小溪以她独特的"溪语"诉说着大地的心声。屋外寒风凛冽,冷雨敲窗,小溪的脚步也是迟缓沉重的,是她也耐不住这冬日的冷寂?她可曾看到我窗口透出一荧灯光,体会些许我关怀的心意?多少时候,我俩是深相契连的。

天气渐渐暖和,小溪的步子也开始变得轻快流畅。想来,她一路穿过青山,行过原野,蓦然发现溪边的小花结了苞,小草冒了芽,初生的小蜗牛怯怯地探出了触角,大地一片青葱,万物欣欣向荣,便不由得一阵惊讶,一阵欢喜,忙不迭地要将这好信息带给大家。听听,这小溪正以多么愉快的声音告诉你一个亘古弥新的故事:春回大地!

什么时候,挑个风和日丽的好日子,我也下到小溪,探访我这位神交已久的老朋友,小溪不知将以怎样的欢乐迎接我哩!

度过了一个寒风凛冽、冷雨敲窗的严冬,有谁不欣喜于春天的到来呢?春天到了,作者没有让我们看到绿的芽、红的花。他让我们用耳朵来感受,从他屋后的小溪的流水声中"听"到了春天的来临。这一不落俗套的揭示使这篇短文独具特色。

个性独悟
ge xing du wu

★把"屋后的小溪突然活泼起来"句中的"活泼"换成"活跃"好不好,为什么?"这条小溪终日为寂寞深山加添一些生动的音符。"这里"生动的音符"指的是什么?

★小溪的脚步"迟缓沉重",是指小溪的什么状态?"轻快流畅",又是指小溪的什么状态?

★作者在本文里主要用了什么修辞方法把小溪写得活灵活现?

★读完全文,你感受到文中洋溢着一种什么样的思想感情?

快乐阅读
kuai le yue du

走进春天 / ··· 段正山

刚刚抖落掉冷酷的冰雪,刚刚穿越逼人的寒风,春天的微笑还很矜持。

还来不及静静地梳理梦想,还来不及铮铮地鼓起勇气,春天就拔节出活力。

浅浅的绿意渲染出浓浓的生气,浅浅的花香装点出烈烈的诗情。似乎春天突然给久久郁闷的人们一个朗朗的心情,突然给肃杀的世界一个暖暖的美景。

于是,春天成了一年之计,也成了一年之极。

重重的赞美把嫩嫩的花蕾压得在春寒中瑟瑟发抖,柔柔的和风把深深的期待幻化成神话中的玫瑰迷雾。清明的无限春光给了人们无限的思绪,却也遮住了人们沉静的目光,盎然的春色唤起了人们一时的激情,却也迷离了人们久远深刻的企盼。

春天的绚丽景象太容易让人误以为景象已达绝美。

其实,春天只是在初绽的冻土里播下种子,希望的果实还需要承接夏日骄阳和暴风雨的考验。春天只是在嫩绿的枝头绽出一抹新芽,勃勃金色的收获还需要在厚实的秋天定格。

走进春天时的激动远远替代不了从春天开始的漫漫无语的生长。

走进春天,固然要以浓烈的深情书写壮志,以畅快的豪情激荡锐气,以饱满的激情挥洒雄风,但更需要以清醒的头脑沉淀躁动,以厚道的心地稳住偏激,以沉稳的步履踏破沉醉。

走进春天,请不要用缥缈的辉煌打扰我清新的构思,请不要用遥远的成功动摇我亲切的脚步,请不要用浅薄的结果撩拨我稚嫩的寻找。

走进春天,请勿打扰。

还是让我们不要为突然冒出的绿意而洋洋得意吧,绿色的升华注定需要执著的生长;还是让我们不要为短暂诱人的花香而流连忘返吧,硕果的培育注定需要艰难的劳作。

还是让我们恭敬地开始,谦卑地起步,孤独地酝酿吧,正如一位哲人所说:"春天里不要做秋天的梦。"

所以,我不客气地说:走进春天,请勿打扰。

与你共品
yu ni gong pin

　　本文用富有诗意的语言捧出一个富有诗意的春天,怎样走进春天呢?无限春光使人激情荡漾,很自然地使人想到春华秋实,耕耘收获,不要打扰春的酝酿、春的起步、春的劳作。所以,走进春天,请勿打扰。

个性独悟
ge xing du wu

　　★用"走进春天,我们应……"这个句式概括文章内容。
　　★怎样理解文中"走进春天,请勿打扰"这句话?

在风吹麦浪里轻舞飞扬

★文章的第三段写得很美，你认为美在什么地方？

★文章是怎样由写景过渡到抒情的？

★请你谈谈你每年走进春天时的感触。

快乐阅读
kuai le yue du

触摸春天 / ···吴玉楼

邻居的小孩安静，是个盲童。

春天到来以后，小区的绿地上花繁叶茂，桃花开了，月季花开了，浓郁的花香吸引着安静。这个小女孩，整天在花香中流连。

昨天早晨，我在草地上做徒手操，安静在花树丛中穿梭，因为常在其间流连，她走得很流畅，没有一点儿磕磕绊绊的感觉。

终于，她在一株月季花前停下来。

安静是个细腻的女孩子。我相信，她的没有视觉的世界，和我们一样丰富，甚至可能有比我们更丰富的地方。我们用眼睛看到浅绿深红的世界，安静用她的心来感受和理解。安静的面前，同样是一个层次分明浓淡有致的春天。

安静极缓极缓地伸出她的手。在花香的引导下，她的手，极其准确地伸向一朵沾满露珠的月季花。

我几乎要喊出声来了，因为那朵月季花上，正停着一只白蝴蝶。

安静的手指悄然合拢，竟然拢住了那只蝴蝶。真是一个奇迹，睁着眼睛的蝴蝶被这个盲女孩神秘的灵性抓住。

蝴蝶在安静的手指间扑腾，安静的脸上充满了惊讶。这是一次全新的旅行，安静的心灵来到了一个她完全没有体验过的地方。

我静静地站在一旁，看着安静。我仿佛看见了她多姿多彩的内心世界，一瞬间，我深深地感动着。

在春天的深处，安静细细地感觉着春光。许久，她张开手指，蝴蝶扑闪着翅膀飞离，安静仰起头来张望。

安静的心上，此刻一定划过一条美丽的弧线，蝴蝶在她8岁的人生画过一道极其优美的飞行曲线，叙述着飞翔的概念。

我没有惊动安静。谁都有生活的权利，谁都可以创造纯粹自我的缤纷世界。安静在这个清香袅袅的早晨，无言地告诉我这样的道理。

与你共品
yu ni gong pin

读着本篇散文，你会触摸到春的灵魂，春的美丽，你的心灵会得到一次洗礼。本文以美丽的月季花巧妙地营造了春天的氛围，盲女孩安静以清澈的慧心触摸蝴蝶稚嫩的生命，感悟到生命春光的可贵。

个性独悟
ge xing du wu

★用"触摸春天……"这个句式概括文章意思。

★说说文中"安静的心上，此刻一定划过一条美丽的弧线，蝴蝶在她8岁的人生画过一道极其优美的飞行曲线，叙述着飞翔的概念"这一句涵。

★说说你对文中"安静"这一8岁盲女孩的理解。

★自选角度，说说读了本文之后的感受。

快乐阅读
kuai le yue du

望春草 / ··· 袁 鹰

你可曾听说过望春草的故事？望春花开放在春天没来的时节。到了春回大地,它却悄悄地枯萎了,让自己的残红伴着春光。

春 讯

推开窗子,小天井上空有一块蔚蓝的天。

有风缓缓地吹来,吹到脸上,头发上,吹到衣服上,带来一丝丝异样的感觉。

算时候,原也该是春天了。

我曾度过不少的冬天。在那悠绵的、寒冻的日子,我蜷缩在阴暗的古屋里,听着窗外的北风摇撼着枯秃的梧桐,我的心也被摇撼着了。灰色的天空中,偶尔飞过一两只惊慌的小鸟,惶惶然,有如灾难临头。望着小鸟,常是不自禁地闪起了一些战栗。

"我可是已经冻僵了？我能等到春天吗？"我有点儿焦急地问自己。

没有回答。只有北风摇着窗子,打起尖锐的胡哨……

我又一次问自己,这次似乎从遥远的心灵深处有了回响。我听不清回响的内容,但的确有了回响。证明并没有冻僵,而且的确来自心灵深处。

我终于等到了春天。

蔚蓝的天上飞来一只白鸽,那该是春天的使者,带给人间一些春讯。

"我也要做一个使者。"我向鸽子说。

我从青山绿水间饱吸了春天的气息。我将春讯告诉了蚯蚓,告诉了蜜蜂,告诉了小草,告诉了垂杨。我将春讯告诉了上学去的孩子,牛背上的牧童,街头的卖唱人,我将春讯告诉了大街小巷的过往行人,告诉了待产的孕妇,告诉了默默地为春天工作着的人们。

归来,我辛苦地做了一个梦。

梦里,有杜鹃花开遍的春山;有黄鹂鸟啼彻的柳堤;蒙蒙细雨里,有横倚在牛背上披蓑吹笛的牛郎,而茫然间仿佛自己就是那无忧无虑的牧童了。虽然我原不会吹笛,也不曾骑过牛。

醒来时,依然在斗室里。窗外虽也不知什么时候起飘起了雨丝,然而既没有花香,也没有鸟语。堵在窗口的,依然是邻家那块灰墙,淋了雨,更显得深一块浅一块的,像死鱼似的颜色。

这真是场梦吗?人说春梦无凭,我的梦飞得太远了吗?

我分明嗅到花香,我分明听到鸟语,我分明见到双双的燕子呀!

这不是梦,这是渴望,这是对春的企求。

是春讯引起的渴望,是春讯引起的企求。

春　芽

天井里的石板缝里,透出一条条蚯蚓似的泥土。这几天来,渐渐地有几株青青的苗芽冒出土来。

我从心底感激播种者。是他为我的小天井里送来了春天,空间虽小,谁能说这不是灰点点小天地里的一丝生机,一点儿青青的颜色?

是谁播的种呢?是飞鸟不经心地丢下的,还是蚂蚁的成绩?而再想想一冬天,我不曾见到一些微的痕迹。泥土冻着,像灰褐色的干死的蚯蚓。

我欢呼了,我在小天井里发现了春天。

我渴望着能出现更多的青芽。我找呀,找呀,找遍了每一条蚯蚓似的泥土。

可是,没有。

失望么?不,一点儿也不失望。

我只是恨自己力气小。否则,我将掀起那一块块石板。石板底下,我相信一定会找到更多的青芽。在石板底下,青芽一样地会冒出土来,会长大的,即使是曲曲弯弯地。

石板底下也有春天!

天井里终于有盎然的绿意了。

我爱这弱小的青芽,我为这小生命洒了水。

一只不知名的小鸟飞落在墙上,对着小小的青芽啁啾了几声。

是呼唤它快点儿成长开花吗?

燕　子

"燕子归来寻旧垒。"

东风早就吹起,枯枝早已发青,燕子该回来筑巢了吧?

可是,一天过去了,又一天过去了,至今不见去年的燕子归来。

年年,常是两只紫裳的燕子,在檐前含泥啄草,点缀着黯淡的春光。

都市里的泥和草全不多,要营造小小的巢并不容易。

然而燕子忙碌着,不知疲乏地忙碌着。

也许一阵无情的风雨,也许一只攀上屋檐的野猫,也许住在阳台上的淘气的孩子,都能使小小的燕居毁于一旦。

燕子却全不介意,似乎也不担忧,它们快乐地忙碌着。在这小小的巢中,它们送走了春光,哺育了雏燕。

在一个萧萧的秋日里,燕子翩翩地飞走了,飞到远方去了。

从此,杳无消息,再也看不到它们归来。

主人热切地盼望着,耐心地等待着,终不曾见那一双熟悉的燕子掠过辽阔的天际,回到旧居来。

我怀念着,不安地怀念着。

我呼唤着,深情地呼唤着。

燕子你在哪里? 你在哪里呀?

我要问蝴蝶,问飞鸟,问东风,飘过陌上的时候,可曾见到那双翩翩的紫燕?

几时才能回来呢,远方的燕子?

枯　枝

枯枝曾在秋天里落尽了你的黄叶。

北风呼啸的日子,几次地摇撼你的躯干。一阵一阵的北风啊,几乎要将你的躯干折断了,可是,你抖擞抖擞身子,又亭亭地直立了。

大雪逞威的日子,几次地压盖着你的手臂。一次一次的大雪啊,几乎要将你的手臂压弯了。可是你舒展舒展长臂,又缓缓地伸平了。

尽管黄叶落满了荒园,尽管寒冷笼罩了世界,你总是顽强地活下去。

你在寂寞里度过一个秋天,又度过一个冬天。

初春,枯枝上终于长出了嫩叶。

新的嫩叶,长在枯秃的枝干上,嫩嫩的,绿绿的,在春天的阳光下笑着。

枯枝在春风里轻轻地摇曳。

望着新生的一代在自己的伤痕上成长,你难道没有点喜悦?

你没有白等。寂寞和哀愁换得了希望,无穷无尽的希望。

荒园依然是冷落的么?野草很快会苗长起来的。"春风吹又生",春风不早就吹着么?——而且一阵比一阵猛烈。

到明天,这枯枝底下,又会响起放纸鹞的孩子们的脚步声。

尾　声

东风夹着些野花香吹来,使生活在大都市的人闻到了泥土的气息。

东风吹开了人们枯寂的心,使万物从冬眠中苏醒。

在漫长的冬日,我没有忘记雪莱的诗句:

"如果冬天已经来到,春天还会遥远吗?"

是的,春天原不是遥远的。

它就在我们身边。

如今,它的脚步近了,近了……

我也听到了《日出》里那个梦想家方达生的声音:

"你看!外面的太阳,是春天……"

与你共品

yu ni gong pin

春天来了,桃红柳绿,细雨如丝,东风扑面,花香扑鼻,燕子归来筑新巢,枯枝发新芽,儿童在田野里放纸鹞……一切都是那么生机勃勃,春意盎然,还有什么理由让人不爱春天,不赞美春天呢?

在风吹麦浪里轻舞飞扬

个性独悟
ge xing du wu

★阅读文章,仔细品味,你认为望春草有什么鲜为人知的特征呢?

★体会文中描写"风儿"的内容,作者认为它给我们带来异样的感觉,这里的"异样"有什么含义?作者写春芽,特意强调了石板缝中的春芽,它能引起你怎样的联想呢?写一段话,表现自己的想法。

★文章结尾引用了雪莱的诗句,你认为这样结尾的好处是什么?

★纵观全文,作者流露出了一种什么样的情感?请找出文中的语句作为例证。

快乐阅读
kuai le yue du

春草散章 / ···杨雪林

连篇累牍,风之笔蘸着水之墨,春草将她绿色的文字刻于春天的大地上。

冬雪渐消,湿润的泥沼里,草种子就潜心于构思了。春天的诠释在她的横叶竖茎里悄悄拱出地面。

或章,或篇,或段,或句,写满山坡,写满原野,写满堤边岸头,写满水泽沟壑,甚至写满农家小院的墙头和屋檐——春草任性,最得意于写她的随笔。

旷野上,树林忙着做插画,野花赶着绣彩图,春草漫延蔓生,更行更远,没有谁能阻得住她行路的脚丫。而鸟在空中配着它的画外音,解说给匆忙行走的云听。

雏鸡最先啄开蛋壳,雏鸭也被惊醒,纷纷睁开眼睛来读春天。它们最喜欢在春草的段落之间追寻。碰到读不懂的地方,就去啄一啄,嚼一嚼。草汁儿鲜嫩清香,甜中有些苦。鸡无事就站在岸边打量风笔的气韵,跳着脚儿喊一声:"这笔好神奇哟!"鸭子"扑通"一声落进碧水里,翻着筋斗洗个澡,"看这水墨染不染得绿我的羽毛!"风笔频蘸水墨,碧波乍起涟漪,把个呆鹅都看得欢了,拍着翅膀"呱呱"地叫起来。

走过河岸的庄稼人早已沉不住气。暖暖的太阳晒酥了筋骨,厚重的冬衣脱去,一身的力气长出来。他背起背篓,扛起犁耙,去开垦他的田亩。唐诗宋词的种子在仓里耐不住寂寞,胚芽的眼睛瞄向春雨的酥胸,像婴儿渴望母亲的乳汁。

笔犁翻开田垄,播一首玉米的抒情诗,撒一章豆子的论文,再种一部枝蔓横爬的红番薯的长篇小说……大块的田地他决不肯放过,至于田埂、路沿、山坡、谷洼,就大大方方地送于春草去填补空白。

春草珍惜每一寸土地,驱赶荒凉,征服贫瘠,以她绿色的大手笔和庄稼汉的锄头较量着:看谁的文章更流芳千古!有时候春草忍不住顽皮,悄悄钻到庄稼行里闹一闹,结果常给严谨认真的农人发现,一锄头钩了出来:"你来搀和啥?这儿不是你歇脚的地方。"春草扮个鬼脸儿仍回田头地角扎根。

春草朴素天真,她淡漠都市的豪华,却甘愿将她的脚步不断伸向浩瀚无边的沙漠,为饥渴的旅人们寻找生命的甘泉水。

在一望无际的千里牧场,春草更是热情奔放,恣意抒写,淋漓尽致挥洒她绿色的畅想!

春草且行且止,收放自如,天涯海角,迤逦而行,文章可谓篇篇华美,章章锦绣,字字珠玑。

春草深深懂得自己的使命,她从不嫉妒农民沉甸甸的收成,也不在乎野火会不会烧尽她全部的卷稿。冬去春来,她只是饱蘸生命的浓墨,在稿纸一般的广袤大地上,不停地写啊,写啊,写!

与你共品
yu ni gong pin

　　"阳春召我以烟景,大块假我以文章。"唐代的浪漫诗人李白,不胜感慨于春天的美景,发出如此的咏叹。《春草散章》的作者面对春天绿色的世界,也不禁有如此的感慨。

在风吹麦浪里轻舞飞扬

　　本文是一篇优美的写景抒情的散文。作者用比喻、拟人的表现手法，描述了春天来临之际，春草用她的绿色装点大地的情景。春草在作者笔下就像一个大文豪，用自己的笔墨尽情挥洒，书写着美丽生动的文章。

　　全文感情充沛，对春草的喜爱之情溢于言表。行文富有变化，想像丰富，春草的性格在作者笔下也显得丰富多彩，她既有朴素天真、任性顽皮的一面，又有热烈奔放、严谨认真、勤劳善良的特点。

个性独悟
ge xing du wu

★作者用了哪些表现手法来写春草？

★作者写了春草的哪些特点？有什么作用？

★全文用了哪些修辞方法来写春草，有什么作用？

快乐阅读
kuai le yue du

春 风 / · · · 林斤澜

　　北京人说："春脖子短。"南方来的人觉着这个"脖子"有名无实，冬天刚过去，夏天就来到眼前了。

　　最激烈的意见是："哪里会有什么春天，只见起风、起风，成天刮土、刮土，眼睛也睁不开，桌子一天擦一百遍……"

　　其实，意见里说的景象，不冬不夏，还得承认是春天。不过不像南方的春天，那也的确。褒贬起来着重于春风，也有道理。

　　起初，我也怀念江南的春天，"暮春三月，江南草长，杂花生树，群莺乱飞。"

这样的名句是些老窖名酒，是色香味俱全的。这四句里没有提到风，风原是看不见的，又无所不在的。江南的春风抚摸大地，像柳丝的飘拂；体贴万物，像细雨的滋润。这才草长，花开，莺飞……

北京的春风真就是刮土吗？后来我有别样的体会，那是下乡的好处。

我在京西的大山里、京东的山边上，曾数度"春脖子"。背阴的岩下，积雪不管立春、春分，只管冷森森的，没有开化的意思。是潭、是溪、是井台还是泉边，凡带水的地方，都坚持着冰块、冰砚、冰溜、冰碴……一夜之间，春风来了。忽然，从塞外的苍苍草原、莽莽沙漠，滚滚而来。从关外扑过山头，漫过山梁，插山沟，灌山口，呜呜吹号，哄哄呼啸，飞沙走石，扑在窗户上，撒拉撒拉，扑在人脸上，如无数的针扎。

轰的一声，是哪里的河冰开裂吧。嘎的一声，是碗口大的病枝刮折了。有天夜间，我住的石头房子的木头架子，格拉拉、格拉拉响起来，晃起来，仿佛冬眠惊醒，伸懒腰，动弹胳臂腿，浑身关节挨个儿格拉拉、格拉拉地松动。

麦苗在霜冻里返青了，山桃在积雪里鼓苞子。清早，跐着大便鞋，穿老羊皮背心，使荆条背篓，背带冰碴的羊粪，绕山嘴，上山梁，爬高高的梯田，春风呼哧呼哧地帮助呼哧呼哧的人们，把粪肥抛撒匀净。好不痛快人也。

北国的山民，喜欢力大无穷的好汉。到得喜欢得不行时，连捎带来的粗暴也只觉着解气。要不，请想想，柳丝飘拂般的抚摸，细雨滋润般的体贴，又怎么过草原、走沙漠、扑山梁？又怎么踢打得开千里冰封和遍地赖着不走的霜雪？

如果我回到江南，老是乍暖还寒，最难将息，老是牛角淡淡的阳光，牛尾蒙蒙的阴雨，整天好比穿着湿布衫，墙角落里发霉，长蘑菇，有死耗子味儿。

能不怀念北国的春风！

与你共品

yu ni gong pin

林斤澜(1923~   )，浙江温州人，作家。主要作品有《飞筐》、《山里红》、《惭愧》等，现为中国作家协会会员，北京市文联专业作家。其作品文笔清新，含义隽永，《盆景》、《春风》就是其中不可多得的优美散文。《春风》以短小的篇幅，抒发了作者对北国春风的深情。文中运用多种写作手法，在语言上，显示出作家的功底，阅读时细细体味。

个性独悟
ge xing du wu

★本文运用了哪两种写作手法？

★南方来的人为什么觉得"脖子"有名无实？(用原文回答)

★作者把北国春风与南国春风对比后，得出怎样的认识？(用原文回答)

★本文的排比句有什么作用？

★本文的拟声词用得很妙，请举例加以分析。

快乐阅读
kuai le yue du

春天的融化 /···秦梅 选译

　　每年 4 月我总是被同一个念头困扰着——今年的春天可能不会来了吧。四周的景色一片凄凉，小山、天空和森林灰蒙蒙的，就像画家的名作画成之前画布上的底色一般。我情绪低沉，15 年前的我初次来到缅因州，一次 4 月里下雪的时候我便是这样。"等等看，"一个邻居劝我，"说不定哪一天你一觉醒来，春天已经来了。"

　　果不其然，那年的 5 月 3 日，我一觉醒来，发现窗外绿意逼人，简直让人惊异。春天好像开了闸的水一样，一下子就来到了眼前。小山、天空和森林刹那间显出了紫色、蓝色和绿色。树叶舒展开来，麻雀翩翩飞来觅食，黄水仙也朝天竞相生长。

春之散章

　　然后就是那棵老苹果树了，它耸立在我家附近的一块荒地中。它不属于任何人，所以也就归每个人所有。苹果树乌黑、虬曲的枝条因未经修剪而恣意蔓生，每到春天，它便蓬勃绽开花蕾，空气中弥漫着苹果花的芳香。当我开着车窗驱车路过的时候，它让我觉得是到了另一个天地，如同孩子乘坐水滑梯一般。

　　直到去年为止，我还以为就我一个人意识到了这棵树的存在。后来有一天，在春天引起的疯狂冲动中，我拿着整枝器和修枝剪，想除掉一些杂乱无章的树枝。我刚站到树下，邻居们就纷纷打开窗户，或者走到门廊上。这些人我几乎都不认得，也很少与他们说话，眼前这情形就像我未经允许擅自闯进他们的私家花园一般。

　　一位住在活动房中的邻居首先开口："你不是要砍倒它吧？"当我砍掉一根树枝的时候，另一个邻居心疼得跟什么似的。"喂，别把它弄死了。"他警告道。不一会儿，附近几乎一半的人都跑来和我一起站到了苹果树阴下。我猛然意识到我已经在这儿住了 5 年，然而直到现在我才开始知道这些人的名字，他们以何为生，以及他们如何过冬。似乎这棵老苹果树是为了让我们彼此认识和共享自然的美妙这个双重目的才把我们召集到它的树干下的。这时，我情不自禁地想起了罗伯特·弗罗斯特的诗句：

　　　　春树幽闭的芽中藏着碧绿
　　　　即将长成阴阴夏木

　　那次融洽的交流开了个好头。就在几天前，我在附近的店里看见一个邻居。他说去年冬天特别漫长，哀叹长时间不见邻居，也没跟他们说过话。然后，又想了一下。他看着我说："我们需要再给那棵苹果树修修枝了。"

与你共品
yu ni gong pin

　　　　文中以"四周的景色一片凄凉"开头，景物描写渲染了"我"低沉情绪，引用罗伯特·弗罗斯特的诗句"春树幽闭的芽中藏着碧绿，即将长成阴阴夏木"升华主题，委婉含蓄道出人与人之间应敞开心扉，真诚交流，沟通才能融化心灵上的冰雪，明媚的春光才能永驻心田！

在风吹麦浪里轻舞飞扬

个性独悟
ge xing du wu

★文中"四周的景色一片凄凉，小山、天空和森林灰蒙蒙的，就像画家的名作画成之前画布上的底色一般"这一景物描写有何作用？

★品析文中引用的罗伯特·弗罗斯特的诗句，你还能说出或写出以树木为题材歌颂春天的诗句吗？

★文中"似乎这棵老苹果树是为了我们彼此认识和共享自然的美妙这个双重目的才把我们召集到它的树干下的"蕴含哪些含义？你与同学亲人相处中有过类似的感受吗？试着说一说。

★说说"春天的融化"这一标题的含义和特色。通过阅读此文，你还能给本文拟出哪些标题？

★展开联想想像，还能给本文换上哪些结尾？

快乐阅读
kuai le yue du

春之怀古 / ···张晓风

春天必然是这样的：从绿意内敛的山头，雪再也撑不住了，扑哧的一声，将冷脸笑成花面，一首斯斯然的歌便从云端唱到山麓，从山麓唱到低低的荒村，唱入篱落，唱入小鸭的黄蹼，唱入溶溶的春泥——软如一床新翻的棉被的春泥。

那样娇，那样敏感，却又那样混沌无涯。一声雷，可以无端地惹哭满天的云，一阵杜鹃啼，可以斗急了一城杜鹃花。一阵风起，每一棵柳都吟出一则则白茫茫，虚飘飘，说也说不清，听也听不清的飞絮，每一丝飞絮都是一株柳的分号。反正，春天就是这样不讲理、不讲逻辑，而仍可以好得让人心平气和。

春天必然曾经是这样的：满塘叶黯花残的枯梗抵死苦守着一截老根，北地里千宅万户的屋梁受尽风欺雪压犹自温柔地抱着一团小小的空虚的燕巢。然后,忽然有一天,桃花把所有的山村水郭都攻陷了,柳树把皇室的御沟和民间的江头都控制住了——春天有如旌旗鲜明的王师,因长期虔诚的企盼祝祷而美丽起来。

而关于春天的名字,曾经有这样的一段故事:在《诗经》之前,在《尚书》之前,在仓颉造字之前,一只小羊在噬草时猛然感到的多汁,一个孩子在放风筝时感觉到的飞腾,一双患痛风的腿在猛然间感到舒活,千千万万双素手,在溪畔在塘畔在江畔浣纱的手所猛然感到的水的血脉……当他们惊讶地奔走互告时,他们决定将嘴噘成口哨的形状,用一种愉快的耳语的声音来为这季节命名——“春”。

鸟儿又可以丈量天空了。有的负责丈量天的蓝度,有的负责丈量透明度,有的负责用那双翼丈量天的高度和深度。而所有的鸟全不是好的数学家,他们吱吱喳喳地算了又算,核了又核,终于还是不敢宣布统计数字。

至于所有的花,已交给蝴蝶去点数。所有蕊,交给蜜蜂去编册。所有的树,交给风去纵宠。而风,交给檐前的老风铃去——记忆,一一垂询。

春天必然曾经是这样,或者,在什么地方,它仍然是这样的吧?穿越烟炊与烟炊的黑森林,我想走访那踯躅在湮远年代中的春天。

与你共品
yu ni gong pin

张晓风,江苏铜山人,著有散文集《地毯的那一端》、《给你·莹莹》、《晓风散文集》。本文巧用拟人修辞手法,侧面写出春临大地、冰雪消融的动人景象。但从“春天必然是这样的”“春天必然曾经是这样的”的反复咏叹中,可以看出这种美景只是存在于过去,而现在并不存在,含蓄地表达了作者对社会现实的否定,对过去春天的无限景慕与向往之情。

在风吹麦浪里轻舞飞扬

个性独悟
ge xing du wu

　　★阅读第一自然段，请你运用拟人修辞手法，描写大自然季节更替中的某一片断。

　　★文中以"春天"命名写出了哪些故事？你还能联想到哪些？

　　★说说文中反复出现"春天必然是这样的""春天必然曾经是这样的"等概括性句子的作用。是写眼前的春天吗？你从文中哪些句子可以看出？

　　★自选角度，以文题"《春之怀古》让我们想到……"这一句式概括文章的意思。

快乐阅读
kuai le yue du

春满燕园 / · · · 季羡林

　　燕园花事渐衰。桃花、杏花早已开谢。一度繁花满枝的榆叶梅现在已经长出了绿油油的叶子。连几天前还开得像一团锦绣一样的西府海棠也已落英缤纷，残红满地了。丁香虽然还在盛开，灿烂满园，香飘十里；便已显出疲惫的样子。北京的春天本来就是短的，"雨横风狂三月暮，门掩黄昏，无计留春住。"看来春天就要归去了。

　　但是人们心头的春天却方在繁荣滋长。这个春天，同在大自然里一样，也是万紫千红、风光旖旎的。但它却比大自然里的春天更美、更可爱、更真实、更持久。郑板桥有两句诗："闭门只是栽兰竹，留得春光过四时。"我们不栽兰，不种竹，我们就把春天栽种在心中，它不但能过今年的四时，而且能过明年、后年不知道多少年的四时，它要常驻在我们心中，成为永恒的春天了。

　　昨天晚上，我走过校园，四周一片寂静，只有远处的蛙鸣划破深夜的沉寂。

黑暗仿佛凝结了起来,能摸得着,捉得住。我走着走着,蓦地看到远处有了灯光,是从一些宿舍的窗子里流出来的。我心里在一愣,我的眼仿佛有了佛经上叫做天眼通的那种神力,透过墙壁,就看了进去。我看到一位年老的老师在那里伏案苦读。他仿佛正在这写文章,想把几十年的研究心得写了下来,丰富我们文化知识的宝库。他又仿佛是在备课,想把第二天要讲的东西整理得更深刻、更生动,让青年学生获得更多的滋养。他也可能是在看青年教师的论文,想给他们提些意见,共同切磋琢磨。他时而低头沉思,时而抬头微笑。对他说来,这时候,除了他自己和眼前的工作以外,宇宙万物都似乎不再存在。他完完全全陶醉于自己的工作中了。

今天早晨,我又走过校园。这时候,晨光初露,晓风未起。浓绿的松柏,淡绿的杨柳,大叶的杨树,小叶的槐树,成行并列,相映成趣。未名湖绿水满盈,不见一条皱纹,宛如一面明镜。还见不到多少人走路,但从绿草湖畔,丁香丛中,杨柳树下,土山高尖却传来一阵阵朗诵外语的声音。倾耳细听,俄语、英语、梵语、阿拉伯语等等,依稀可辨。在很多地方,我只是闻声而不见人。但是仅仅从声音里也可以听出那种如饥似渴迫切吸收知识、学习技巧的炽热心情。这一群男女大孩子仿佛想把知识像清晨的空气和芬芳的花香那样一口气吸了下去。我走进大学图书馆,又看到一群男女青年挤坐在里面,低头作数学或物理化学的习题。也都是全神贯注,鸦雀无声。

我很自然地把昨天夜里的情景同眼前的情景联系了起来。年老的一代是那样,年轻的一代又是那样。还能有比这更动人的情景吗?我心里陡然充满了说不出的喜悦。我仿佛看到春天又回到园中:繁花满枝,一片锦绣。不但已经开过的桃树和杏树又开出了粉红色的花朵,连根本不开花的榆树和杨柳也是满树红花。未名湖中长出了车轮般的莲花。正在开花的藤萝颜色更显得格外鲜艳。丁香也是精神抖擞,一点也不显得疲惫。总之是万紫千红,春色满园。

这难道仅仅是我一个人的幻想吗?不是的。这是我心中那个春天的反映。我相信,住在这个园子里的绝大多数的教师和同学心中都有这样一个春天,眼前也都看到这样一个春天。这个春天是不怕时间的,即使到了金风送秋,霜林染醉的时候,到了大雪漫天,一片琼瑶的时候,它也会永留心中,永留园内,它是一个永恒的春天。

在风吹麦浪里轻舞飞扬

与你共品
yu ni gong pin

　　季羡林(1911~　　),生于山东省清平县。中国语言学家,文学翻译家,梵文、巴利文研究专家。自北京清华大学毕业后赴德国留学,回国后任北京大学教授。译著有:德国的《安娜·西格斯短篇小说集》、印度迦梨陀娑的《优哩婆湿》和《沙恭达罗》。

　　本文是一篇以校园生活为题材的散文。作者满怀激情地赞美了充满活力、不知疲倦、心中永远是春天的师生们。文题中的"春"并非指大自然中万物复苏的春季,而是写人们心头的春天,年老的一代心头有"春天",为革命忘我地工作;年轻的学生心头也有春天,为革命而刻苦攻读。人们心头的"春天"是永恒的春天,是不怕时间的。

　　文章采用了虚写和实写相结合的写法,融记叙、议论、抒情于一体,写出了师生们的精神风貌和校园生活,赋予了校园"春天"以深刻内涵。

个性独悟
ge xing du wu

　　★文题中的"春"的含义是什么?开篇为什么写了即将逝去的大自然的春天?

　　★人们心头的春天与大自然的春天相比,有哪些相同点和不同点?

　　★第三段开头从表达方式看属于什么描写? 渲染了一种怎样的氛围?其作用是什么?

　　★第四段开头的景物描写的作用是什么?

　　★文章最后一段在文中起什么作用?

　　★文章采用实写和虚写相结合的写法,请回答哪是实写,哪是虚写?

　　★"春满燕园"应该是怎样一种景象?人们心头的春天具有怎样的特点?

快乐阅读
kuai le yue du

临窗看柳 / ···佚 名

今年春天,虽然春寒落梢,但柳枝仍早早返绿,一夜之间,新绿满枝,煞是可爱。但我因为竞选课代表失败了,心情很不好,坐在椅子上,呆呆地望着窗外。

风乍起,柳枝欢快地笑着、跳着,展示着自己,眼角、眉间洋溢着无限欢乐。我似乎听到一曲柳哨的歌。歌声中片片柳絮随风飞舞。

一会儿,风停了,柳枝恢复了它的平静,垂了下去,它不能载歌载舞了,心中一定有着淡淡的忧伤,虽是这样,柳枝依然保留着那象征活力的绿色,希望能再把绿色写在天空。

就这样,柳枝周而复始地飘起、落下;年复一年地返青、枯黄,永恒不变如一条真理。我看了许久,也明白了许多;如果你有空,就看看窗外,看看柳树,用心去体会,你也会明白许多的。

与你共品
yu ni gong pin

心情不好的时候,看看窗外。在春天的季节里,生命力旺盛的柳树新绿满枝,当风乍起时,它们随风飘舞,风停了,它们平静地垂下头,但它们始终都充满了活力,充满了希望。用心来体会,怎么会不排遣出那一片不好的心情呢?

在风吹麦浪里轻舞飞扬

个性独悟
ge xing du wu

★从全文看,柳枝的突出特点是什么?

★首段中的"窗外"和结尾一段中的"窗外"含义完全一样吗?请说明理由。

★从全文组材、构思的特点来看,将"飘起、落下"的词序调换为"落下、飘起"可以吗?请说明理由。

★结尾说"我""明白了许多",据你看,他明白了什么?

快乐阅读
kuai le yue du

大明湖之春 /···老 舍

北方的春本来就不长,还往往被狂风给七手八脚的刮了走。济南的桃李丁香与海棠什么的,差不多年年被黄风吹得一干二净,地暗天昏,落花与黄沙卷在一处,再睁眼时,春已过去了!记得有一回,正是丁香乍开的时候,也就是下午两三点钟吧,屋中就非点灯不可了;风是一阵比一阵大,天色由灰而黄,而深黄,而黑黄,而漆黑,黑得可怕。第二天去看院中的两株紫丁香,花已像煮过一回,嫩叶几乎全破了!济南的秋冬,风倒很少,大概都留在春天刮呢。

有这样的风在这儿等着,济南简直可以说没有春天;那么,大明湖之春更无从说起。

济南的三大名胜,名字都起得好:千佛山,趵突泉,大明湖,都多么响亮好听!一听到"大明湖"这三个字,便联想到春光明媚和湖光山色等等,而心中浮现出一幅美景来。事实上,可是,它既不大,又不明,也不湖。

湖中现在已不是一片清水,而是用坝划开的多少块"地"。"地"外留着几条沟,游艇沿沟而行,即是逛湖。水田不需要多么深的水,所以水浅而不清;也不要急流,所以水定而无波。东一块莲,西一块蒲,土坝挡住了水,蒲苇又遮住了莲,一望无景,只见高高低低的"庄稼"。艇行沟内,如穿高粱地,热气腾腾,碰巧了还臭气烘烘。夏天总算还好,假若水不太臭,多少总能闻到一些荷香,而且必能看到些绿叶儿。春天,则下有黑汤,旁有破烂的土坝;风又那么野,绿柳新蒲东倒西歪,恰似挣命。所以,它既不大,又不明,也不湖。

话虽如此,这个湖到底得算个名胜。湖之不大与不明,都因为湖已不湖。假若能把"地"都收回,拆开土坝,挖深了湖身,它当然可以马上既大且明起来;湖面原本不小,而济南又有的是清凉的泉水呀。这个,也许一时做不到。不过,即使做不到这一步,就现状而言,它还应当算作名胜。北方的城市,要找有这么一片水的,真是好不容易了。千佛山满可以不算数儿,配作个名胜与否简直没多大关系,因为山在北方不是什么难找的东西呀。水,可太难找了。济南城内据说有七十二泉,城外有河,可是还非有个湖不可。泉,池,河,湖,四者具备,这才显出济南的特色与可贵。它是北方惟一的"水城",这个湖是少不得的。设若我们游湖时,只见沟而不见湖,请到高处去看看吧,比如在千佛山上往北眺望,则见城北灰绿的一片——大明湖;城外,华鹊二山夹着弯弯的一道灰亮光儿——黄河。这才明白了济南的不凡,不但有水,而且是这样多呀。

况且,湖景若无可观,湖中的出产可是很名贵呀。懂得什么叫做美的人或者不如懂得什么好吃的人多吧,游过苏州的往往只记得此地的点心,逛过西湖的提起来便念道那里的龙井茶,藕粉与莼菜什么的,吃到肚子里的也许比一过眼的美景更容易记住,那么大明湖的蒲菜,茭白,白花藕,还真许是它驰名天下的重要原因呢。不论怎么说吧,这些东西既都是水产,多少总带着南国风味;在夏天,青菜挑子上带着一束束的大白莲花菁菱出卖,在北方大概只有济南能这么"阔气"。

我写过一本小说——《大明湖》——在"一二八"与商务印书馆一同被火烧掉了。记得我描写过一段大明湖的秋景,词句全想不起来了,只记得是什么什么秋。桑子中先生给我画过一张油画,也画的是大明湖之秋,现在还在我的屋中挂着。我写的,他画的,都是大明湖,而且都是大明湖之秋,这里大概有点意思,对了,只是在秋天,大明湖才有些美呀。济南的四季,惟有秋天最好,晴暖无风,处处明朗。这时候,请到城墙上走走,俯视秋湖。败柳残荷,水平如镜;唯其是秋色,所以连那些残破的土坝也似乎正与一切景物配合:土坝上偶尔有一两截断藕,或一些黄叶的野蔓,配着三五枝芦花,确是有些画意。"庄稼"已都收了,湖显着大了许多,大了当然也就显着明。不仅是湖宽水净,显着明美,抬头向南看,半黄的千佛山就在面前,开元寺那边的"橛子"——大概是个塔吧——静静的立在山头上。往北看,城外的河水很清,菜畦中还生着短短的绿叶。往南往北,往东往西,看吧,处处空阔明朗,有山有湖,有城有河,到这时候,我们真得到个"明"字了。桑先生那张画便是在北城墙上画的,湖边只有几株秋柳,湖中只有一只游艇,水作灰蓝色,柳叶儿半黄。湖外,他画上了千佛山;湖光山色,连成一幅秋图,明朗,素净,柳梢上似乎吹着点不夸大能觉出来的微风。

对不起,题目是大明湖之春,我却说了大明湖之秋,可谁教亢德先生出错了题呢!

与你共品
yu ni gong pin

老舍(1899~1966),原名舒庆春,字舍予。北京人,满族,中国现代文学史上成就卓著的作家,写有小说、戏剧、散文等。主要作品有长篇小说《骆驼祥子》、《四世同堂》,戏剧《茶馆》等。本文写景目的是制造一种轻松愉快的气氛,避免呆板枯燥的写景抒情的俗套。语言幽默平实。文题是《大明湖之春》,内容一反常态,破除人们心中对春的印象,写了春的"暗",突出了秋的"明"。

个性独悟
ge xing du wu

★第一自然段揭示了北方的春具有怎样的特点?是通过哪些景物描写突出这一特点的?"风是一阵比一阵大,天色由灰而黄,而深黄,而漆黑"一句表达出了什么?

★为什么说大明湖"既不大,也不明,也不湖"?

★文章的题目是"大明湖之春",但行文中为什么又写了"夏"、"秋"两季?

★"大明湖"，人们怎样才能捕捉到一个"明"字呢？为什么作家写"大明湖之秋"，画家画"大明湖之秋"？

快乐阅读
kuai le yue du

新世纪的第一个春天／ ··· 佚 名

　　春天来了，这是新世纪的第一个春天。

　　她是用春天的尖喙啄破冬季干硬的壳儿，飞出来的；她是用春天那双灵动的手，轻轻拉开世纪的帷幕，蹦出来的——黎明是她的目光，早霞是她的披肩，遍地芳草是她蓬开的彩裙，斜织的细雨是她动听的琴弦……

　　她来了，来了，我们听见踏碎坚冰的步履，听见她的笑语、呼吸，感到了她带来的芳馨、温暖；她来了，来了，来如趵突泉咕咕嘟嘟翻花的水，来如天目山葱葱绿绿破土的笋，来如武夷山顺流放下的竹排；她来了，冰消，云开，雾散，江河卷起春潮的波澜；她来了，向田野撒满绿色的星辰，唤醒长江红杏，珠江木棉，湘江杜鹃；她来了，步子是那样的轻盈，像出水的芙蓉，静静地舒展她的花瓣；她来了，又是如此矫健，像朝阳从东海跃出，在天空飞旋！

　　有人说，春天是一个常新的老故事。是的，她是一个希望，是一种昭示，是心田里播下的信念；她是时尚，是绿裙子，是花头巾，是旱冰鞋，是水彩画，是圆舞曲，是一次五彩缤纷的展览；她是香醇的酒，是浪漫的歌，是跃动的心，是酡红的脸……每到这会儿，一切严峻变得温和了，紧闭的小窗打开了，总觉得什么东西在心底苏醒了，有一种说不清的激情在冲撞思想的坚冰了……

　　虽然宁静的天空有时也会出现意想不到的雷雨。那雷，是催春的雷，一切蛰伏的生灵被震醒了，翻个身儿，新的生命又启程了；那雨，是催春的雨，所有绿的基因被润活了，拱破地皮，纷纷争着去扮演春天的使者。

　　今年的春天是新世纪的第一个春天。她是一出好戏的开头，是交响乐的一支序曲，是新的高速公路的零公里，是一声汽笛长鸣就要起航的轮船。我们有幸赶上了这世纪之春,即便你生命的历程充满了风霜雨雪,雷鸣电闪,经历了酷夏、残秋、严冬,你也要珍惜这新世纪的第一个春天,不要再徘徊,不要再悲叹,快快踏进这春天的门槛,快快扑向这春天的怀抱,做春天的花,_____,_____……

与你共品
yu ni gong pin

　　与其说这是一篇描述春天的散文,不如说它是一首阐释春天、催人奋进的散文诗。作者以极大的热情,用诗一般的语言,对新世纪的第一个春天进行了描述和畅想。全文语言明快,激情昂扬,尤其是比喻、排比、拟人等修辞手法的运用,令人耳目一新。结尾一段揭示春的含义,号召人们"快快扑向这春天的怀抱",颇具感染力,也深化了文章的主题。

个性独悟
ge xing du wu

　　★第四段中"春天是一个常新的老故事"这句话里的"新"与"老"是否自相矛盾,为什么?根据第三~五段的内容,春天给人一些怎样的感觉?

　　★第六段中作者说,无论怎样,"也要珍惜这新世纪的第一个春天",理由是什么?在第六段的"_____"处填上你认为合适的词语,使文章有一个圆满的结尾。

　　★作者用了哪些手法把春天写得无比美丽可爱的?请你说出1~2种来。

　　★模仿第三段的手法,写一段关于"秋天来了"的文字,要写出季节的特点,100字左右。

又是一年春草绿／···梁遇春

一年四季，我最怕的却是春天。夏的沉闷，秋的枯燥，冬的寂寞，我都能够忍受，有时还感到片刻的欢欣。灼热的阳光，憔悴的霜林，浓密的乌云，这些东西跟满目疮痍的人世是这么相称，真可算做这出永远演不完的悲剧的绝好背景。当个演员，同时又当个观客的我虽然心酸，看到这么美妙的艺术，有时也免不了陶然色喜，传出灵魂上的笑涡了。坐在炉边，听到呼呼的北风，一页一页翻阅一些畸零人的书信或日记，我的心境大概有点儿像人们所谓春的情调罢。可是一看到阶前草绿，窗外花红，我就感到宇宙的不调和，好像在弥留病人的榻旁听到少女的清脆的笑声，不，简直好像参加婚礼时候听到凄楚的丧钟。这到底是恶魔的调侃呢，还是垂泪的慈母拿几件新奇的玩物来哄临终的孩子呢？每当大地春回的时候，我常想起《哈姆雷特》里面那位姑娘戴着鲜花圈子，唱着歌儿，沉到水里去了。这真是莫大的悲剧呀，比哈姆雷特的命运还来得可伤，叫人们啼笑皆非，只好朦胧地徜徉于迷途之上，在谜的空气里度过鲜血染着鲜花的一生了。坟墓旁年年开遍了春花，宇宙永远是这样二元，两者错综起来，就构成了这个杂乱下劣的人世了。其实不单自然界是这样子安排颠倒遇颠连，人事也无非如此白莲与污泥相接，在卑鄙坏恶的人群里，偏有些雪白晶清的灵魂，可是旷世的伟人又是三寸名心未死，落个白玉之玷了。天下有了伪君子，我们虽然亲眼看见美德，也不敢贸然去相信了；可是极无聊，极不堪的下流种子有时却磊落大方，一鸣惊人，情愿把自己牺牲了。席勒说："只有错误才是活的，真理只好算做个死东西罢了。"可见连抽象的境界里都不会有个称心如意的事情了。"可哀惟有人间世",大概就是为着这个原因罢。

我是个常带笑脸的人,虽然心绪凄凄的时候居多。可是我的笑并不是百无聊赖时的苦笑,假使人生单使我们觉得无可奈何,"独闭空斋画大圈",那么这个世界也不值得一笑了。我的笑也不是世故老人的冷笑,忙忙扰扰的哀乐虽然尝过了不少,鬼鬼祟祟的把戏虽然也窥破了一二,我却总不拿这类下流的伎俩放在眼里,以为不值得尊称为世故的对象,所以不管我多么焦头烂额,立在这片瓦砾场中,我向来不屑对于这些加之以冷笑。我的笑也不是哀莫大于心死以后的狂笑。我现在最感到苦痛的就是我的心太活跃了,不知怎的,无论到哪儿去,总有些触目伤心,凄然泪下的意思,大有失恋与伤逝治于一炉的光景,怎么还会狂笑呢。我的辛酸心境并不是年轻人常有的那种累带诗意的感伤情调,那是生命之杯盛满后溅出来的泡花,那是无上的快乐呀,释迦牟尼佛所以会那么陶然,也就是为着他有了那个清风朗月的慈悲境界罢。走入人生迷园而不能自拔的我怎么会有这种的闲情逸致呢!我的辛酸心境也不是像丁尼生所说的"天下最沉痛的事情莫过于回忆起欣欢的日子"。这位诗人自己却又说道:"曾经亲爱过,后来永诀了,总比绝没有亲爱过好多了。"我是没有过这么一度的鸟语花香,我的生涯好比没有绿洲的空旷沙漠,好比没有棕榈的热带国土,简直是挂着蛛网,未曾听过管弦声的一所空屋。我的辛酸心境更不是像近代仕女们脸上故意贴上的"黑点",朋友们看到我微笑着道出许多伤心话,总是不能见谅,以为这些娓娓酸语无非拿来点缀风光,更增生活的妩媚罢了。"知己从来不易知",其实我们也用不着这样苛求,谁敢说真知道了自己呢,否则希腊人也不必在神庙里刻上"知道你自己"那句话了,可是我就没有走过芳花缤纷的蔷薇的路,我只看见枯树同落叶;狂欢的宴席上摆了一个白森森的人头固然可以叫古代的波斯人感到人生的悠忽更见沉醉,骷髅搂着如花的少女跳舞固然可以使荒山上月光里的撒旦摇着头上的两角哈哈大笑,但是八百里的荆棘岭总不能算做愉快的旅程罢;梅花落后,雪月空明,当然是个好境界,可是牛山濯濯的峭壁上一年到底只有一阵一阵的狂风瞎吹着,那就会叫人思之欲泣了。这些话虽然言之过甚,缩小来看,也可以映出我这个无可为欢处的心境了。

在这个无时无地都有哭声回响着的世界里年年偏有这么一个春天;在这个满天澄蓝,泼地草绿的季节,毒蛇却也换了一套春装睡眼蒙眬地来跟人们做伴了,禁闭于层冰底下的秽气也随着春水的绿波传到情侣的身旁了。这些矛盾恐怕就是数千年来贤哲所追求的宇宙本质罢！蕞尔的我大概也分了一份上帝这笔礼物罢。笑涡里贮着泪珠儿的我活在这个乌云里夹着闪电，早上彩霞暮雨凄凄的宇宙里，天人合一，也可以说是无憾了，何必再去寻找那个无根的解释呢。"满眼春风百事非"，这般就是这般。

与你共品
yu ni gong pin

    "阶前草绿，窗外花红"，本是令人喜爱的美好事物，但作者一开始就说"最怕的却是春天"，这是为什么？原来，"灼热的阳光，憔悴的霜林，浓密的乌云"这些夏、秋、冬的自然景观与"满目疮痍的人世"十分相称，所以"我"虽然辛酸，却又"传出灵魂上的笑涡"，这就表现出作者对丑恶现实的不满。自然界草绿花红的美景与现实社会图景的相悖，"我"认为是一个"莫大的悲剧"，由此想到"人事"无非也是美丑并存，总不可能"称心如意"。在这里，可以清楚地看到作者对丑的鞭挞和对美的追求，作者对"春草绿"的"怕"是现象，追求自然美与社会美的谐和才是本质。

    第二段扣住第一段的"笑涡"和"心酸"展开，文笔恣肆，层次清晰。写尽了作者重重郁闷、"无可为欢处的心境"和继续探索人生的勇气。结尾照应题目，又一次揭示自然与社会的矛盾，展现忧伤、沉郁和执著交织的内心世界。

个性独悟
ge xing du wu

★一年四季中作者为什么"最怕的却是春天"？

★作者是怎样将"情"融于"景"的描写中的？

在风吹麦浪里轻舞飞扬

作文链接
zuo wen lian jie

春色／···杨中强

如果说，秋天是金黄色的，象征着成熟和收获；那么春天就是绿色的，代表着生命和贡献。

冬去春来，从树的枝杈上探出头的点点新绿，迎着温暖的春风，颤动着。打了几个滚，翻了几下身，那绿色仿佛眼见着长起来，由嫩绿变成深绿。渐渐地，绿成一片，在阳光下，忽明忽暗，掩映生辉。

大地也是绿色的。嫩草刚从土壤中钻出，细软轻柔。但很快的，这儿一丛，那儿一簇，铺成绿的地毯，织成绿的锦绣。这便是开花的前兆。斑斓绚丽的花朵，正是出自醉人的绿呢。

要想饱览春天最浓的绿色，莫过于去看湖水了。记得朱自清老先生曾写过梅雨潭的绿，深得甚至有些微微发蓝。那是集叶片、草尖和天空为一身的颜色。在明澈、纯净、绿色的湖水中，无数尾小鱼在畅游。在如此美好的环境中，到了秋天，它们将是怎样的肥壮。那时，只要去看垂钓者的笑脸就行了。

春天的绿是十分清新诱人的，但春天绝不仅仅限于绿色。可以说，任何一个季节都没有春天的色彩缤纷，任何一种颜料都不可能把春天的所有颜色绘出。

春雨是无色透明的，它清洗得树木更葱郁，青草更鲜嫩。土地被春雨浸湿，泛出缕缕清香气，弥漫不散。荡漾的湖面，被激起一圈圈波纹。叶尖、草梗，挂着滴滴晶莹的水珠，当雨住日出时，便反射出七彩的光华，宝石一般。

花朵是纷繁的。春雨把它浇灌，春风催它绽开。靠着绿叶创造的"财富"，它竞相斗艳，这儿一朵，那儿一束。红的燃起"火焰"，粉的荡出"霞光"，白的飘溢清香。它们是美的使者，春的精灵，看到这么艳丽的花朵，闻到如此的芬芳，大概不能不令人想到秋天那甘甜的果实了。

春雨滴入花心，春风摇动花枝，美不胜收。

春风又送来雪白的杨柳的飞絮，蓬松的，柔软的，飘忽不定，很像漫天下起大雪，只是天气没有那么寒冷罢了。

置身于春景中,煦日当头,各色交杂,怎不让人叹服大自然的匠心,一霎间变幻出比万花筒更加多彩的画面。

啊,春的色彩。

作者紧扣"色"字,以"春的色彩"为线索,在读者面前展现了春的魅力。春是绿色的,使万物充满生机;然而它又不仅限于绿色,是五彩缤纷的:无色透明的春雨,雪白轻柔的柳絮,斑斓多姿的春花,这一切与春所特有的绿交织在一起,描绘出色彩绚丽的春的画卷。

春天五彩缤纷、生机勃勃,作者用优美而富有感情色彩的语言,写来井然有序。

我爱春天 / ···黄 菲

盼到了,终于盼到了,春终于来了!

她带着生命和希望,步履轻盈地来了。她跃过高山,飞过河流,千里迢迢地来了。她辛苦了!可她一刻也顾不得歇,便迫不及待地跃动在山川、平原上……所过之处,无不蕴含着无比蓬勃的生机。

我爱春天——

爱那寒意犹存而又不乏温馨的初春的风。是它轻轻拂醒大地,眠了一冬的大地欣欣然睁开了惺忪的睡眼,随即又播下了希望的种子。春风是生命的使者。

我爱恋春天——

爱那绵绵的春雨。是它润醒了小草,润绿了杨柳,润开了报春花,告示我们春天来了。小草钻出了地面,新奇地张望着;杨柳摆动着腰肢,随风舞蹈着;报春花鼓起了小喇叭,"春光 OK,滴答,答滴答"。

雨后，湿润的空气夹杂着泥土的芳香，随着融融的风迎面扑来。因此，春雨是生命的耕耘者！

我爱恋春天——

爱春天的鸟叫、蛙鸣和一切充满活力的可爱的生灵，尤其是那可爱的小燕子。我常在电线上搜寻，因为电线上的它们，像五线谱上小巧玲珑的音符，配着"唧啾"的叫声，在鸣奏着春天的第一乐章。

我爱恋春天——

每当春到松花江，我漫步在高高的松花江江堤上，望着江中奔流的春水，望着对岸透绿的丛林，呼吸着无比清爽的春的气息，感受到了春剧烈跳动的脉搏。啊，那是多么令人舒适且令人惬意呀！

再看，太阳岛沙滩上空飘摆着风筝。春风没有腿、没有手，竟把它送得好高好远，渐渐地融进了淡蓝的天空里。

春常常引起我的思索：人们总把春天看做生命和希望的象征，而我们少年儿童又被称为"祖国的春天"。

我们是祖国的生命和希望。

【简 评】

文章从多角度、多侧面展开描写，依次描写了春风、春雨、春光、春水等景色，用拟人手法，赋予春天以生命和智慧，突出了爱恋春天的强烈情感。作者能由景及人，把春天和年青一代联系起来，点明祖国的生命和希望。

寻 春 / ··· 李 济

不知从什么时候起，灰蒙蒙的天变得深蓝而透明，凛冽的寒风变得柔和而清新，枯黄的大地变得葱绿……

噢，春姑娘早已带着她的礼物来到了每个角落，有些害羞地迈着她那轻盈的舞步。

到大自然中,去看一看春的礼物!

我带着兴奋和好奇来到了紫竹院公园，这儿是我每年春天必到的去处。

哦,老远地老远地眼里便尽是葱绿,嗅一嗅,啊,这是春姑娘的气息;脚下的泥土像是棕黄的地毯软软的,散发着清香;空气润润的而又新鲜;风似有非有地吹着,轻轻地拂过每个人的面庞,这是春姑娘给人们的快乐的吻;四周是深的浅的浓的疏的各种绿色,其中还间有白色、黄色、粉色、红色、蓝色和紫色,这就是春的礼物。耳际小河哗哗地响着,那是春姑娘在欢笑;太阳温和地洒下阳光,那是春姑娘的风采。哦,在这春的包围中我快乐地融化了,我似乎也成了一片嫩嫩的绿,多快乐。哦,我被春的美酒醉倒了……

看草坪上铺了一层浅绿,这是小草被春姑娘唤醒了。看那小草像是还有些倦意,懒洋洋地打着呵欠,又像是害怕似的迟疑地探出小脑袋东张西望。小草芽是那么嫩那么绿,鲜灵灵的透着生气。榆树也生出了锯齿似的嫩叶,锯下几小束阳光,留下几片影子。连翘和迎春早就开了,金黄的花瓣是那么明亮活泼,像是闪烁着的星星,像是孩子的眼睛。桃花是害羞的小女孩,瞧她的脸都羞红了,近看她的脸就羞得更红了。玉兰是高贵的先生,穿着白礼服,也许是要邀请春姑娘跳舞。杨树的花像是难看的毛毛虫,他不好意思地把自己的花一串串扔掉。而榆叶梅不愿和别人争艳,迟迟不肯开,鲜红的花骨朵在枝头一簇簇的像是一颗颗红珍珠。

河水被春姑娘染成了蓝绿色,哗哗哗,它可真快乐。人们脱去冬装穿上了轻便漂亮的春装,他们高兴地笑着,他们被春陶醉了,他们都融化在这春天之中。河边几个孩子在捞鱼,他们拿着捕鱼网兴奋地专注地走下河,谁也不说话,看准了小鱼就"刷"地撒下去,随之是一阵欣喜的笑声,银铃似的。人们划着船在春的湖面上荡漾,拨动着春的浪花。在春光的沐浴下,哦,醉了。

临走"偷"一枝榆叶梅,插在家中的水杯中,偷来了一片小小的春。正暗自高兴,才发现花盆中的花都已发芽。春姑娘早已来到我家了,她也来到你那儿了吗?

【简 评】
jian ping

　　文章作者紧扣"寻"字，以"寻春"为线索，在读者面前展现了春的魅力。春天多有吸引力，春天的气势锐不可当！柳枝摇摆，小花小草的微笑无不充满着勃勃的生命力。文尾一段更是表现了对春天的无限热爱，使文章产生了诱人的魅力。

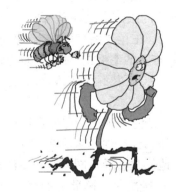

夏

日意象

四季卷

我是一朵盛开的夏荷

多希望

你能看见现在的我

风霜还不曾来侵蚀

秋雨也未滴落

青涩的季节又已离我远去

我已亭亭　不忧　也不惧

现在　正是

我最美丽的时刻

重门却已深锁

在芬芳的笑靥之后

谁人知我莲的心事

无缘的你啊

不是来得太早　就是

太迟

夏 夜 / ···鸽 子

城市的夜幕早早就降临了。在红尘中的奔波劳碌也随着夜晚的降临而宣告结束。我呆在自己的小屋里，心情如月光，洁净、明朗，不夹一丝儿尘滓；恍如一豆灯光，浪漫、温馨而柔和。白天那些没完没了的计划——数不清的工作和客套——某种矛盾的漩涡和深不可测的陷阱——甚至尔虞我诈、刀光剑影——一切的一切都远离了我。现在，我只想静静地呼吸，静静地小憩，静静地放飞心事。夜，就这样平和地漫延开来。

街灯次第亮了。夜晚的城市在昏暗的灯光下泛着微红的光，不甘寂寞的蛾子们围着路灯翩跹起舞。今夜无风也无雨。不会再有雨打树叶啪啪叽叽的声音和潮湿混沌的味道，把人的心情拨弄得一片忧郁空蒙感伤，生出无数维特式的烦恼；也不会再有撑着油纸伞、结着丁香般愁怨的女孩从小巷里走来，走进自己的目光走进自己的想像，让自己在假想的爱情里感动得死去活来。这是个无人打扰、完完全全属于自己的夏夜。我可以随心所欲，或弛然而卧，进入一个玫瑰色的梦境，或放飞思绪，神游九天。尤其是想到自己和夏夜浑然一体，与屋外的花草树木息息相通，承受着同一双温柔自然之手的轻拍与抚摸，心里感到愈加欣慰。

夜静无声，夜晚的空气比起白昼来，多了无数清新与凉意。夏天是天真热烈的季节，是生命呼啸的季节。这样的夜晚，不知有多少花开放，不知有多少果成熟。这样想着，渴望与憧憬贮满了心间。我想尾随愉快的心绪进入果园的高处，看一粒果实形成的过程，一动不动直到自己也慢慢成熟；我想尾随轻捷的思想深入土地，看一根根须艰难满足地吮吸水分与养料，安宁慈爱的大地母亲用柔和的目光默默注视着这一切。想着想着，自己也恍如变成了某株植物，变成了某根根须。幸福笼罩着我全身。自由自在的状态让我无比舒适，满足。空气中隐隐约约夹着淡淡的花香和果香，因为这是一个百花怒放果实成熟的季节。空气中还交织着泥土的清新味道，因为这是一个万物竞长、争先恐后的季节。我想像着，我是在郊外某片芳馥的草地上，与幽静的大地为伍。我就是其间的某株草,噙着露珠的某株草,与夜与大地息息相通、喃喃絮语的青青草。厚实的大地载负着我,通过细密的根须,我又得以与大地交语,融为一体。空气涤荡着我,我因此变得生机勃勃。哦,也许这就是清晨生命亮丽的缘故吧!语言显得粗糙,文字显得庸俗,可除此之外,一切我都力所不逮,我又能通过怎样的方式记下我夏日夜里的思绪和感受呢?

一个人独处的夏夜,是一个不可言说的世界,而又不得不言说的世界。摒弃浮躁和狂乱,冲动和盲目,淡忘无数的"离骚"和"天问",坐在小屋中,在心斋里彻底放松自己,这样的时刻多么不容易,这样的日子多么幸福!我真的渴望自己是一棵树、一朵花,哪怕是一只鸟也好,植根于大地,飞翔于阳光雨露和风之间——而获得一个完完全全的自我。杜绝粉饰和虚伪,离开恶毒的攻讦和刻意的钻营,只要一个真实的自己。在我这样想的时候,有多少植物在拔节生长?有多少植物在开花结果?

夜静静流淌着。夜幕中的城市莽莽苍苍,像一座和平静谧的大森林。许多人家的灯火相继熄灭。城市也快进入甜美的梦乡了。也许是起了一阵风,窗外棕榈有韵味地响了一阵,一只不知名的鸟儿鸣叫了几声,一切又归于平静。一个夏夜敲开了我沉睡已久的心灵,让我的心房透露出温和美丽的光泽,焕发出新的生机。一串串光明的语词源源不绝涌出来,把夏夜和我擦得一片金亮。温情、诚挚的文字后,是我洁净的心灵和善良微笑的双眸……

 与你共品
yu ni gong pin

一般人,赋予黑夜的是悲哀,是痛苦,是阴谋,甚至是罪恶。但本文作者认为夏夜是人最安全的避风港,人们在夏夜里可以安全地放松自己,发泄自己,反省自己。全文语言优美,文中包含许多文学知识,如"离骚"、"天问"、"维特"等,读来令人耳目一新。

个性独悟
ge xing du wu

★第一自然段中"平和的夜"体现在哪些方面?

★第二自然段中,作者因什么而感到愈加欣慰?第三自然段主要运用的思维方式是什么?

★试概括作者对夏夜的感情。

★用一组排比句描写你对冬夜的感受。

快乐阅读
kuai le yue du

那年夏天 / ···佚 名

那年夏天,我搭乘的公共汽车,奔驰在大凉山的一个农牧区。

农民和牧民同我挨肩并坐,有彝族,也有汉族。

车过片片草原,我又惊又喜。

惊的是在这边远的高原地带,竟然有这么多的鲜花盛开。红的、粉的、白的。细看,原来是波斯菊。

喜的是我又找到诗了。凭窗一望,十里,百里,花浪迎风,微微波动,简直是片彩色的花海。

花海,花海,就以花海为题,写一首赞美花海的抒情诗吧。

我想了几个开头,都不太满意,因为它与眼前的美景比起来,太逊色了。

汽车像快艇一样在浪花间驶行,我的灵感也随之浮泛其上。目光在搜寻羊群牛群,可遗憾的是牛羊太少了。

汽车往下开去,出现在山坡田野。这儿的花也异常繁盛,只是花间的庄稼太稀疏了。

我终于把这首颂扬花海的诗构思好了。当我把腹稿念给身边的农牧民听了后,他们毫不赞赏,反而以带着愠怒的眼神盯着我。有个直率的中年人带刺地说:"在我们这里,只有吃饱了酒肉饭菜的人才说这花的好话!"

那人鄙薄地说:"诗人,你听说过风灾、雪灾、虫灾,没听说过花灾吧?"

"灾难?"

"花也成灾?"我瞪大双眼。

"美是美,可是你知道它给我们造成多大的灾难吗?"

我怔住了:"难道这花不美吗?"

"你不晓得这花的由来,也不晓得花的危害,当然就觉得奇怪啰!"

"在以往的年代,一些外国传教士侵入大小凉山,修起教堂,便种下这种'洋花'。教民们见花好看,就要回种子在屋前屋后种了起来。年长月久,花草蔓延开了,田野上生,草原上长。这一下,荒了庄稼,收成大减;荒了牧草,牛羊尽瘦。这时农牧民才醒悟过来,要拔除它,要铲掉它,但已晚了,要止住这花海的扩展谈何容易呵!直到今天,它还在繁衍滋长……"

我这才明白了:花是一种美好的事物,本来人人都会喜爱,一旦把它推向极端,也会泛滥成灾!

与你共品
yu ni gong pin

花是美丽的,它带给人以美的享受,但并不是所有的花都值得人们赞赏的,在一片广阔的牧场上,波斯菊漫山遍野地在开放,谁能料想到,它带来的却是灾难。庄稼荒了,牛羊瘦了。罂粟花也是美丽的,它却是邪恶的魔鬼。

个性独悟
ge xing du wu

　　★文章用"花浪"和"花海"来描写高原的鲜花,这些词语有什么作用?

　　★"荒了庄稼,收成大减;荒了牧草,牛羊尽瘦"与前文两句相呼应,是哪两句?

　　★"我"最后究竟明白了什么道理?

快乐阅读
kuai le yue du

夏之雨 /···风信子

　　蒸沤的热浪,堆叠着、郁积着。潺潺的汗珠涌动着、翻滚着。粘答答的肌肤挣不脱薄衫的依附,雨,成了人间的渴盼与最爱。

　　一半的天,蓝得不带一丝犹疑,另一边的天际,却是尘烟滚滚,黑云片片,黑浓的云迅即漫卷开来扑腾跌宕、漫漫溢溢。镶着金边,绣着蕾丝,只展现上苍诡谲的骤风,氤氲一场天地神奇。

　　乍然的雷闪里,雨,如根根银箭,带着雪亮的簇矢,疾射而下,狂暴猛戾地射向每一个角落。似乎,要把上苍的怒意倾泻净尽,似乎,要将人间的愤懑恣肆填平。于是,奔腾在柏油路面上,驰骋在朵朵伞花上。激进的弦箭,弹射在一洼洼的水痕里,带着一朵朵半圆的气泡奔向滔滔的街头。

荷,擎着碧翠伞盖,迎一场雨的婚礼。蛙,在荷畔鼓掌欢呼,蝈蝈的鸣叫,仿佛催唤着易害羞的荷,快快在短促的夏雨中,展露生命的精华。

雨停歇,荷香幽远,浸浸漫漫笼罩着一方水塘。盛妆的荷犹缀着浑圆的雨珠。天边的虹折射在雨珠上,幻化出不可思议的宁谧、沁凉。

似乎,尘世里,惟有荷在的地方,才有清凉!

仿佛,夏之雨,只为迎娶荷而倾落!

雨骤然落,乍然歇。如梦般,掀起人的希望。却又在乍然休止后,重新点燃夏的火炬。于是,希望、失望;兴奋、咒诅交替里,雨来了又去,人,在雨的戏弄中,无奈地苍老、消沉!

枝折花倾、窗破瓦掀。上苍以它的威猛、酷戾回报众生的贪得无厌。上苍以它的冷峻、残苛晓谕世人,四时有定,强求不得。

风,只在心静、身静时才能感受到它的存在!风,只在无所欲、无所求时,才弥漫周身! 浮泛的人生,遍布的枷锁,妄求夏之风,如何可得?

夏,热热烈烈地来,却也在西风的吹拂下,凄凄凉凉地去,留下的是孤寂的心,萧索的情,以及一声声无可奈何的叹惋。

叹惋人世仓猝无常,叹惋红颜白发!

不曾去思索,不曾去回顾,只沉湎在浪涌处、只浮泛在浪花里,一年年,红的是凤凰花,白的是少年头!

夏,年年来,年年去,而红尘依旧,炎凉依旧,而这人生,却再也不能重新走过!

 与你共品
yu ni gong pin

本文是台湾作家风信子的一篇优美的散文,具有散文形散神聚的特点。

文章运用比喻、拟人等多种修辞手法描绘夏天雨前、雨中、雨后的一系列景色,生动传神。文中多次写雨中之荷,歌颂荷花"出淤泥而不染,濯清涟而不妖"的高尚情操,鼓舞人们同恶劣的大自然搏斗,劝诚人们珍惜青春、珍惜人生!

个性独悟
ge xing du wu

　　★第二段是什么描写方法?描写了什么?第三段运用什么手法写出了雨的什么特点?

　　★你学过的赞荷美好品质的句子有哪些?试写两句。

　　★本文哪些段落重在写景,哪些段落重在抒情?本文属哪类散文?

　　★第八段中讲夏雨的"骤然落,乍然歇",第十段中讲夏风的"不可得"其用意是什么?最后4段作者由眼前景的感叹转到世间情的感慨,其作用在于什么?

快乐阅读
kuai le yue du

夏天的意象 / ···张修刚

　　绘一幅夏天的水彩,会是什么样子?铺上宣纸,涂上绿颜料好了。涂不够劲儿的话,尽情泼洒就是了,发亮的浅绿、浓浓的墨绿都要得。一遍还嫌不够,再来,两遍、三遍……只要你尽兴。画师说那叫泼墨、皴染,能使物象色彩浓重富有立体感的技法。夏天就是一幅绿的水彩画,让人弥望在眼意会神往的绿的水彩,可题名夏绿。

　　只一幅绿的水彩,似乎还缺点什么。这里不是指缺少色彩搭配。绿,即使纯一色的绿,也不会让人感到单调,就像天空,湛蓝的晴空,没有谁讨厌它的蓝,一碧如洗才好呢。夏绿也是这样的。只是满足了眼,也不要轻忽了耳朵,应该配上支曲子。这夏绿图,配什么曲子才好呢? 对,进行曲,运动会上奏响的那种有江河奔流气势的催人昂扬奋进的进行曲。

　　其实,在远离城市喧嚣的乡野,高树上、草丛中、沟塘边,各种夏声早已奏响。蝉是当中的主打歌手,在高树的浓阴中,它的萨克斯管吹奏不遗余力。草丛里,不知名的夏虫也纷纷奏起管弦,与蝉鸣相和。蛙是夏夜少不了的歌者,一场新雨过后,池塘边、沟渠旁,总会响起它们的欢唱。这一片蛙声,带着农人朴素的欣喜,从稼轩词的稻花香里,一直唱到今天黄淮平原的广袤田野大泽。

有暇到夏天的田野里走走,可称为赏绿。赏绿,最好选在清早。夏天的清早,晨光初显,雾气轻笼,朝露浸润过的田野绿得鲜嫩生动。绿的树、绿的禾、绿的草竞相撑起它们的绿罗伞,擎起它们的绿旌旗。浅绿、深绿,嫩绿、老绿,闪亮的、浓阴的⋯⋯绿在这里汇集,这里成了绿的"联合国"。新升起的太阳,泛着红黄的光,透过远远的道旁的树斜照过来,映现出依稀疏落的树影。顺着田畴望去,整齐的玉米行翠叶招展,排成了夏天的仪仗,宽长的叶子牵手摩肩,飒爽宜人。清风徐来,叶片沙沙私语,低诉着夏的情话。晨风过处,碧叶欣然,绿意波动,放眼望去,泛起"平畴交远风,良苗亦怀新"的诗境。漫步田野草径,缅邈的思绪当与陶潜田园欣悦的逸情息息相通了。

夏日,住在乡间,只要没有暴风雨,家居的窗尽可以开着,让鸟鸣进来,让绿色的空气进来。不像春天,多风、多尘沙,要防着点;不像秋天和冬天,要御寒;也不像在闹市区,市声喧扰,烟尘充斥,门窗闭之恐不及。这些,在乡野的居室都不用担心。但"如何得与凉风约,不与沙尘一并来"?放心,杨柳招人,杂样错落的村树,盈野的稼禾,连沟渠道旁也芳草萋萋,这不是大自然的空调吸尘器么?哪有那么多的溽热暑蒸、飞烟浮尘?哪像市区水泥柏油做的吸热板,熨斗般火烫,能把人烙死。缕缕清风,是空气的流,在清风的流中,肌肤与空气相亲,连蒲扇也省了。推开阁楼上居室的窗,放眼望去,可尽享"一水护田将绿绕,两山排闼送青来"的眼福,游目以骋怀。乡村闲居,有虫唱在耳,有绿野弥望,袒胸露腹,随意赋形,不比上琼楼仙馆有趣些个?

四季各有意象,春的花红,秋的金果,冬的白雪。夏的意象是什么?绿。绿的树、绿的禾、绿的虫唱、绿的空气、绿的畅想⋯⋯

夏天,一个绿意浓浓的生命季节!

夏日意象

与你共品
yu ni gong pin

　　夏天的意象是什么?是绿。绿的树、绿的禾、绿的虫唱、绿的空气、绿的畅想……总之是绿意浓浓。全文语言声韵和谐,描写生动有趣,画面清新迷人,寓意深刻激励人。

个性独悟
ge xing du wu

　　★文章紧紧围绕哪一个字来写的?文章描写了夏天的哪些事物?
　　★请说说文章主要运用了哪两种表达方式。
　　★本文点题的一句话是什么?
　　★请朗读第四段,并读读感受。

快乐阅读
kuai le yue du

山　屋/···吴伯箫

　　屋是挂在山坡上的。门窗开处便都是山。不叫它别墅,因为不是旁宅支院颐养避暑的地方;唤作什么楼也不妥,因为一底一顶,顶上就正对着天空。无以名之,就姑且直呼为山屋吧,那是很有点老实相的。

　　搬来山屋,已非一朝一夕了;刚来记得是初夏,现在已慢慢到了春天呢。忆昔入山时候,常常感到一种莫名的寂寞,原来地方太偏僻,离街市太远啊。可是习惯自然了,浸久又爱了它的幽静;何况市镇边缘上的山,山坡上的房屋,终究还具备着市廛与山林两面的佳胜呢。想热闹,就跑去烦嚣的市内;爱清闲,就索性锁在山里，是两得其便左右逢源的。倘若你来，于山屋，你也会喜欢它的吧？傍山人家，是颇有情趣的。

譬如说，在阳春三月，微微煦暖的天气，使你干什么都感到几分慵倦；再加整天的忙碌，到晚上你不会疲惫得像一只晒腻了太阳的猫么？打打舒身都嫌烦。一头栽到床上，怕就蜷伏着昏昏入睡了。活像一条死猪。熟睡中，踢来拌去的乱梦，梦味儿都是淡淡的。心同躯壳是同样的懒啊。几乎可以说是泥醉着，糊涂着乏不可耐。可是大大的睡了一场，寅卯时分，你的梦境不是忽然透出了一丝绿莹莹的微光么，像东风吹过经冬的衰草似的，展眼就青到了天边。恍恍惚惚的，屋前屋后有一片啾唧唧唧的闹声，像是姑娘们吵嘴，又像一群活泼泼的孩子在嘈杂乱唱；兀的不知怎么一来，那里"支幽"一响，你就醒了。立刻你听到了满山满谷的鸟叫。缥缥渺遥的那里的钟声，也嗡嗡的传了过来。你睁开了眼，窗帘后一缕明亮，给了你一个透底的清醒。靠左边一点，石工们在丁冬的凿石声中，说着呜呜噜噜的话；稍偏右边，嘚嘚的马蹄声又仿佛一路轻的撒上了山去。一切带来的是个满心的欢笑啊。那时你还能躺在床上么？不，你会霍然一跃就起来的。衣裳都来不及披一件，先就跳下床来打开窗子。那窗外像笑着似的处女的阳光，一扑就扑了你个满怀。"呵，我的灵魂，我们在平静而清冷的早晨找到我们自己了。"(惠特曼《草叶集》)那阳光洒下一屋的愉快，你自己不是都几乎笑了么？通身的轻松。那山上一抹嫩绿的颜色，使你深深的吸一口气，清爽是透到脚底的。瞧着那窗外的一丛迎春花，你自己也仿佛变作了它的一枝。

我知道你是不暇妆梳的，随便穿了穿衣裳，就跑上山去了。一路，鸟儿们飞着叫着的赶着问"早啊？早啊？"的话，闹得简直不像样子。戴了朝露的那山草野花，遍山弥漫着，也懂事不懂事似的直对你颔首微笑，受宠若惊，你忽然骄蹇起来了，迈着昂仰的脚步三跨就跨上了山巅。你挺直了腰板，要大声嚷出什么来，可是怕喊破了那清晨静穆的美景，你又没嚷。只高高地伸出了你粗壮的两臂，像要拥抱那个温暖的骄阳似的，很久很久，你忘掉了你自己。自然融化了你，你也将自然融化了。等到你有空再眺望一下那山根尽头的大海的时候，看它展开着万顷碧浪，翻掀着千种金波，灵机一动，你主宰了山，海，宇宙全在你的掌握中了。

下山，路那边邻家的小孩子，苹果脸映着旭阳，正向你闪闪招手，烂漫的笑；你不会赶着问她："宝宝起这样早哇？姐姐呢？"

再一会儿，山屋里的人就是满口的歌声了。

再一会儿，山屋右边的路上，就是逛山的人格格的笑语了。

要是夏天，晌午阳光正毒，在别处是热得汤煮似的了，山屋里却还保持着相当的凉爽。坡上是通风的。四围的山松也有够浓的荫凉。敞着窗，躺在床上，噪耳的蝉声中你睡着了，噪耳的蝉声中你又醒了。没人逛山。樵夫也正傍了山石打盹儿。市声又远远的，只有三五个苍蝇，嗡飞到了这里，嗡又飞到了那里，老鼠都会瞅空出来看看景的吧，"蝉噪林愈静，鸟鸣山更幽"，心跳都听得见扑腾呢。你说，山屋里的人，不该是无怀氏之民么？

夏夜，自是更好。天刚黑，星就悄悄的亮了。流萤点点，像小灯笼，像飞花。檐边有吱吱的蝙蝠，张着膜翅凭了着光的眼在摸索乱飞。远处有乡村味的犬吠，也有都市味的火车的汽笛。几丈外谁在毕剥的拍得蒲扇响呢？突然你听见耳边的蚊子薨薨了。这样，不怕露冷，山屋门前坐到午夜是无碍的。

可是，我得告诉你，秋来的山屋是不大好斗的啊。若然我不时时刻刻咬紧了牙，记牢自己是个男子，并且想着，"英国的孩子是不哭的"那句名言的话，你真挡不了有时候要落泪呢。黄昏，正自无聊的当儿，阴沉沉的天却又淅淅沥沥的落起雨来。不紧也不慢，不疏也不密，滴滴零零，抽丝似的，人的愁绪可就细细的长了。真愁人啊！真来个朋友谈谈天吧，老长的山道上却连把雨伞的影子也没有；喝点酒解解闷吧，又往那里去找个把牧童借问酒家何处呢？你听，偏偏墙角的秋虫又凄凄切切唧唧而吟了。呜呼，山屋里的人其不坦然蹙眉颓然告病者，怕极稀矣，极稀矣！

凑巧，就是那晚上，不，应当说是夜里，夜至中宵。没有闭紧的窗后，应着潇潇的雨声冷冷的虫声，不远不近，袭来了一片野兽踏落叶的窸窣声。呕吼呕吼，接二连三的嗥叫，告诉你那是一只饿狼或是一匹饥狐的时候，喂，伙计，你的头皮不会发胀么？好家伙！真得要蒙蒙头。

虽然，"采菊东篱下"，陶彭泽的逸兴还是不浅的。

最可爱，当然数深冬。山屋炉边围了几个要好的朋友，说着话，暖烘烘的。有人吸着烟，有人就偎依在床上，唏嘘也好，争辩也好，缄口默然也好，态度却都是那样淳朴诚恳的。回忆着年华旧梦的有，希冀着来日尊荣的有，发着牢骚，大夸其企图与雄心的也有。怒来拍一顿桌子，三句话没完却又笑了。哪怕当面骂人呢，该骂的是不会见怪的，山屋里没有"官话"啊，要讲"官话"啊，他们指给你，说："你瞧，那座亮堂堂的奏着军乐的，请移驾那楼上去吧。"

若有三五乡老，晚饭后咳嗽了一阵，拖着厚棉鞋提了长烟袋相将而来，该是欢迎的吧？进屋随便坐下，便尔开始了那短短长长的闲话。八月十五云遮月，单等来年雪打灯。说到了长矛，说到了红枪会，说到了税，捐，拿着粮食换不出钱,乡里的灾害,兵匪的骚扰,希望中的太平丰年及怕着的天下行将大乱:说一阵,笑一阵,就鞋底上磕磕烟灰,大声的打个呵欠,"天不早了。""总快鸡叫了。"要走,却不知门开处已落了满地的雪呢。

原来我已跑远了。急急收场:"雪夜闭户读禁书。"你瞧,这半支残烛,正是一个好伴儿。

与你共品
yu ni gong pin

吴伯箫(1906~1982),原名熙成,山东莱芜人,现代著名散文作家,主要从事散文写作。他的作品情调高昂,感情真挚,文笔质朴,在散文创作中独具一格。他各个时期的作品分别汇编在《烟尘集》、《出发集》、《北极星》等集子中。

本文是作者的早期名作,文中处处流露出作者对清净生活的喜爱,文章语言虽质朴无华,但抒情意味很浓。

个性独悟
ge xing du wu

★第一自然段交代了什么?第二自然段写了作者对山屋思想上发生了怎样的变化?第八自然段写了山屋在夏天具有怎样的特点?

★作者是按怎样的顺序介绍山屋的?

★为什么说"秋来的山屋是不大好斗的"?

★作者按四季的顺序,各写了山屋的什么?分别表达了作者怎样的思想感情?

快乐阅读
kuai le yue du

落花枝头 / ···谢大光

初到江南，就碰上了梅雨季节。一夜枕上听雨，辗转不能成寐，清晨推窗望去，雨却停了。天顶上，浓云尚未散开，低低压着房檐；空中还飘浮着若有若无的雨丝；天地间弥漫着一层湿漉漉、静悄悄的青黛色雾霭。院子中，一丝绿树被染得浓阴如墨。朦胧的墨绿中，清晰地闪着点点火红的花朵，宛如一阕厚重、平和的弦乐声中，跳出一管清脆、欢跃的笛音，给这雨后空朗的清晨，增添了不少生气。

咦，已是花谢红褪的初夏，为什么花开得这般热烈？

循着被雨水润白的碎石小路走去，我猛地记起了杨万里的初夏即事诗："却是石榴知立夏，年年此日一花开。"近前一看，果然是石榴花。这是四株石榴树，分列在窄窄的甬道两侧，枝丫交错，搭起了一座花红叶绿的天然门楼。树只有一人高，花却开得十分繁茂。低头钻进树丛，真像是上元之夜徜徉于灯市之中，前后左右，俯仰四顾，都是火苗一样燃烧着的石榴花。

早就听说石榴树是边开花边结果，花与子并生枝头，十分壮观。如今看去，果真如此。这满树密密层层的花果，真像是一个姊妹比肩的大家庭，在从花到果的生长过程中，呈现出变化微妙的千姿百态——有的蓓蕾婷立，含苞待放；有的半开半合，微露金蕊；有的翩然怒放，喷红流彩；有的花瓣已落，籽实新萌；也有花蕾圆鼓鼓地胀起，果实已初具规模，挺在枝头随风摇曳。

啊，这些正在开放的花朵、正在成熟的果实，多像一群天真烂漫、无忧无虑的孩子。可是，一阵微风吹过，我感到点点水珠洒落下来。这是花儿果儿们的泪水吗？水珠洒落地上，地上是一片落花的世界。是了，花果洒泪是在向落花依依惜别，是在感激落花的深情。落花静静地躺在大地的怀抱，那么坦然，那么安宁，火红的花瓣在雨水中浸得发胀，将黑黑的泥土染成一片绯色。我第一次注意到落花景象是这般壮丽，一种内在的美好情操震颤着我的心。昨天，也许它还在枝头上为花蕊挡风遮雨，那艳丽的容貌，芬芳的呼吸，引来蜂蝶，传送花粉，孕育新生。今天，新的生命开始生长了，为了让果实得到更多的阳光和养料，它毫不留恋枝头的繁华，毫不夸耀自己的成绩，在斜风细雨中翩然飘落。躺在地上，它还在翘望枝头，看到萌发的果实替代了它原来的位置，依然显示着生命的美好，它放心了，落而无憾。它放心了，却没有忘记自己的归宿。秋风秋雨中，它将自己和朴实的大地融为一体，又在准备滋养明年的花了。"落红不是无情物，化作春泥更护花。"龚定庵的心和落花可谓相通。人常说：开花结果。殊不知，花落了，果实才能成熟。据说有一种火石榴树，开起花来复瓣繁英，十分好看，却是从来不结果的。从这个意义上来说，落花正是新生的标志，实在值得大书特书。

细微的簌簌声打断了我的遐想，又是几片飞红飘落下来。"落花辞树默无语，别请黄鹂告诉春。"多情的落花委托黄鹂向春天嘱咐什么呢？请明年再枝头上看吧，那满树的繁花硕果就是答案。

与你共品

千百年来，关于落花，文人墨客多发伤感、多写哀婉；而本文作者一反常态，给落花配以昂扬向上的格调，唱了一曲落花的颂歌。本文热情歌颂落花的无私奉献，它为花蕊挡风遮雨；它不留恋枝头的繁华，也不夸耀自己的功绩；它落而无憾，又在准备滋养明年的花。文章主题深刻，意境高远。

个性独悟
ge xing du wu

★本文的感情基调是怎样的?说说本文在构思上有何特色?

★从文章第五自然段中任选内容,写几句赏析的话。

★谈谈全文所蕴含的哲理。

★请搜集千百年来文人墨客写"花"的诗句。

快乐阅读
kuai le yue du

仰望天空/···陈 村

夏夜,我常常仰望天空。

天空永远充满魅力。即使在阴阴的天气,也常能见到几颗寒星,而余下的多少亿颗星星,被大气掩盖了。如果有个望远镜,能发现更多的星球,天空被拉得很近,视野中星星点点的光亮,美不胜收。

我小时候的梦想是当个天文学家,守着巨人一样的天文望远镜,探寻天外的奥秘。那时候的天是空荡荡的,除了日月星辰,一无所有。随着年龄的增加,天空里充满了故事。最不能忘记的是孙悟空,我也很想学会筋斗云还有根金箍棒,上天入地,镇妖降魔。再以后关心起牛郎和织女,痛恨王母娘娘。我在夏天的夜空找到天河,没找到鹊桥。我长大后,用望远镜也没找到鹊桥。也许是生态环境被破坏,喜鹊日益少下去,搭不成那座善意的桥了?如果真是这样,牛郎和织女会很伤心的。

在中学学了毛泽东诗词,知道月亮上原来有个美丽的嫦娥,有个砍桂树又总也砍它不动的吴刚,还有一只玉兔。传说中的嫦娥偷了灵药,可以长生不死。记得那时候同学们议论,没一个愿意成仙的,死与不死离我们很远,年轻人要的是热闹。高高地挂在天上,看着地球上的亲朋好友,心里会难过的。有想像力

在风吹麦浪里轻舞飞扬

的同学说,以后开一个宇宙飞船,将嫦娥接回来。大家就去看天空,大白天找不到月亮。

在神话和民间传说中,故事的一半发生在地上,一半在天上。人们的口语中,常说"老天爷!"说"天哪!"说"天杀的!"人们的希望在天上,世界的主宰在天上,天堂在天上。所有的宗教都将信仰指向天空。一代代的人类仰望天空,要求正义与幸福。天空那么大那么深,埋葬着他们的希望和忧伤。天若有情天亦老。可是,天是无情的。

仰望天空,看斗转星移,日出月落。像看宏伟的物理实验,像个局外的观众。和伟大的天空相比,地球是非常渺小的一点。在这无限的时间与空间的背景下,个人更加微不足道。然而,人类既软弱到寻找宗教,又伟大到向天空进军。人造卫星摆脱地球的引力,在天上自由地骄傲地飞翔,一去不返。它们是人类的使者,甚至访问了火星和金星。"挑战者"号爆炸了,在天与地之间展开一块火光熊熊的纪念碑,很悲惨又很伟大。在人类的努力下,或许我们真的能在天外发现生命,和同样充满智慧的外星人握手言欢。

夏天的夜很短。楼下一阵阵传来青蛙的鼓噪。总有婴儿嘹亮的啼哭。四周的高楼,将我围在井里。我的视线缘墙面爬升,越过黑沉沉的轮廓线,遥望高深莫测的天宇。我还是更留恋小时候的那个天,多么透明,多么神秘,可容纳多少幻想。在蓝蓝的天空下,大地显得热烈和深沉。大自然总是那么美好。在万里星空下,心像自由的鸟儿,高高飞翔。

夏夜,仰望天空。

与你共品
yu ni gong pin

　　本文题为"仰望天空",开篇就以"夏夜,我常常仰望天空"一句点题。落笔写来,重点并不在仰望天空所见的自然美景,而在由此所产生的联想。作者动情地回忆了小时候的梦想,含蓄地抒写了对环境日趋恶化的现实的不满,也展望了人类跟外星人握手言欢的未来。

★"天空里充满了故事",作者在文中引述了哪些故事?请你再补充一个天空里的故事。

★作者小时候在夏天的夜空没找到鹊桥,长大后,用望远镜依然没找到鹊桥,这是因为鹊桥原本就不存在。对此,作者有何解释?为什么这样解释?

快乐阅读
kuai le yue du

天山之夏 /··· 碧 野

7月间新疆的戈壁滩炎暑逼人,这时最理想的是骑马上天山……

进入天山,戈壁滩上的炎暑就远远地被撇在后边,迎面送来的雪山寒气,立刻会使你感到像秋天似的凉爽。蓝天衬着高耸的巨大的雪峰,在太阳下,几块白云在雪峰间投下云影,就像白缎上绣上了几朵银灰的暗花。那融化的雪水,从高悬的山涧、从峭壁断崖上飞泻下来,像千百条闪耀的银链。这飞泻下来的雪水,在山脚汇成冲激的溪流,浪花往上抛,形成千万朵盛开的白莲。可是每到水势缓慢的洄水涡,却有鱼儿在跳跃。当这个时候,饮马溪边,你坐在马鞍上,就可以俯视那阳光透射到的清澈的水底,在五彩斑斓的水石间,鱼群闪闪的鳞光映着雪水清流,给寂静的天山增添了无限生机。

再往里走,天山越来越显得优美,沿着白皑皑群峰的雪线以下,是蜿蜒无尽的翠绿的原始森林,密密的塔松像撑天的巨伞,重重叠叠的枝丫,只漏下斑斑点点细碎的日影,骑马穿行林中,只听见马蹄溅起漫流在岩石上的水声,增添了密林的幽静。在这林海深处,连鸟雀也少飞来,只偶然能听到远处的几声鸟鸣。这时,如果你下马坐在一块岩石上吸烟休息,虽然林外是阳光灿烂,而遮去了天日

在风吹麦浪里轻舞飞扬

的密林中却闪耀着你烟头的红火光。从偶然发现的一棵两棵烧焦的枯树看来，这里也许来过辛勤的猎人，在午夜中他们生火宿过营，烤过猎获的野味……

如果说进到天山这里还像是秋天，那么再往里走就像是春天了。山色逐渐变得柔嫩，山形也逐渐变得柔和，很有一伸手就可以触摸到凝脂似的感觉。这里溪流缓慢，萦绕着每一个山脚，在轻轻荡漾着的溪流两崖，满是高过马头的野花，红、黄、蓝、白、紫，五彩缤纷，像织不完的织锦那么绵延，像天边的彩霞那么耀眼，像高空的长虹那么绚烂。这密密层层成丈高的野花，朵儿赛 8 寸的玛瑙盘，瓣儿赛巴掌大。马走在花海中，显得格外矫健，人浮在花海上，也显得格外精神。在马上你用不着离鞍，只要稍微伸手就可以满怀捧到你最心爱的大鲜花。

虽然天山这时并不是春天，但是有哪一个春天的花园能比得过这时天山的无边繁花呢？

与你共品
yu ni gong pin

　　白雪皑皑的雪峰、五彩斑斓的水石、幽深寂静的森林、色彩艳丽的鲜花，你以为是来到了一座春天的花园里。不，这是夏天的景色，这美丽的景色在我国大西北的天山。这篇文章将把你带入到一个美丽的天地之中。

个性独悟
ge xing du wu

　　★从文中哪几个词能明显看出其行文思路？文中对"水"的描绘极为贴切，请说说文中写了其哪些特点。
　　★请用自己的语言概括天山之夏的特点。
　　★请对本文语言的特色作点品析。
　　★请用一段文字描述一下你所在地区夏天特有的景色。

今夏流行明黄色 / · · · 刘心武

夏日意象

　　猛不丁觉悟过来,已经晚了。

　　珊珊急匆匆地跑过几个自由市场,最后总算在秀水东街那儿买到了一件连衣裙,金黄色! 黄得扎眼!

　　她穿着它去赴约会。

　　"我差点没认出你来!"男朋友上下打量着,眉毛飞上去。

　　"你没想到我也能弄着一件吧? 唉,都怪我小病了一场,才半拉月,跑到大街上一看,嗬,时兴上这号亮黄亮黄的了! 怎么样,够派吧?"

　　"嗯——"男朋友的眼光分明不怎么能赶上趟。

　　穿着那连衣裙去上班,刚一进财会科,几位女伴就围了过来。

　　"哟,你这不对劲儿,眼下时兴的是明黄,不是这号杏黄!"长着一双丹凤眼的吴淑丽警告着她。

　　"当年不是只有皇上家才能用明黄色吗! 这年头,个个姑娘都想当女皇了!"韩大姐一边叹息着。

　　珊珊不计较韩大姐的评语,可淑丽的话却让她全身冒汗。回到家,妈妈责问她:"怎么刚穿两天的新衣服,就让你这么一尾巴扔到了一边?"

　　"您懂什么! 它黄得不对!"

　　妈妈耸耸肩膀。这年头,姑娘们竟敢一身黄地摇来摆去。她当姑娘那阵,连"黄"字也不敢说哩。"你这人真黄!"那就离坏分子不远了。

再一次赴约，珊珊转着身子让男朋友看清楚："是正经明黄的，不是错色的！"转完了，她指点着远近的黄衣姑娘为他评议："瞧，不对，又一个不对,她们都没弄着正宗货,杏黄,多怯！浅黄,太嫩！土黄,老气……"

男朋友想表现一下独立思考能力："我觉着柠檬黄不错!"

"柠檬黄?!还橘子黄呢！"

珊珊得意地把明黄色穿到了财会科,吴淑丽头一个尖叫起来:"新潮！这回真新潮了！上下分开两件套,比那古板的连衣裙洒脱多了！"

珊珊正笑成一朵花,淑丽凑到了她身前,没想到用手指头一捻她的料子,一双丹凤眼就"开了屏":"呀！你这料子不对！如今时兴的是光面软缎,你这个——"

珊珊的笑容枯萎了。

再一次赴约,她往抻脖瞪眼的男朋友后背一拍:"你瞧哪儿呢？"

男朋友扭过头,一瞧:"你——我以为你还是明黄色呢,让我好找,满眼尽是明黄色了！"

珊珊这天穿的却是一件淡紫色的连衣裙。

与你共品

读过这篇文章,发现它就是我们身边很普通的一个小故事,现在确实有这种"跟风"现象。特别是同文章中的"珊珊"一样,有许多女孩子穿衣服都是看流行,时兴什么穿什么,往往丧失了自己的个性。

作者用一种清新、活泼、明快的笔调向读者展开了这样一幅生动的生活画卷,同时也蕴含了深刻的哲理——每个人都要有自己的个性,只有这样才能飞扬于缤纷的世界,在生活中留下最美的轨迹。

个性独悟
ge xing du wu

★文章开头写道:"猛不丁觉悟过来,已经晚了。"珊珊此时觉悟了什么?"珊珊不计较韩大姐的评语,可淑丽的话却让她全身冒汗。"咀嚼这句话,简要分析珊珊为什么不计较韩大姐的话,而对淑丽的话却心虚气短。

★"满眼尽是明黄色了!"而"珊珊这天穿的却是一件淡紫色的连衣裙。"为什么?

★你认为这篇小说表现了一个什么样的主题?

作文链接
zuo wen lian jie

乡村的黄昏 / ···罗雪芳

一个夏日的黄昏,我漫步走出家门,观赏日落的美景。当太阳离地面还有两米多高时,放射出耀眼的红光。远处的林木,近处的房屋,小路上回家的人儿,包括我自己,一切都笼罩在这红光之中,万物好像穿上了一件绯红的纱衣。太阳正在一步步下沉,可这件纱衣不但没有褪色,反而愈加耀眼,红得可爱。远处的林木也把头昂得很高,透过林间的缝隙,看到对面的晒场,玉米堆得有小山那么高,在每座"小山"旁都有一位老人靠着木栅悠闲地抽着旱烟,而他们旁边的狗则安详地卧在主人脚边,似在闭目养神,又像在观看日落。他们也都沉浸在红光之中。

太阳愈沉愈低。西山上笼罩着几团烟雾似的长云。它们连成一片,好像要给西山系一条绚丽多彩的缎带。这条缎带的色彩向两面扩散着,靠近太阳的地方是紫红色。移动着,便是深红、粉红,到了末端便只有一点儿从对面反射过来的微微的红光了。太阳在这条缎带的掩护下渐渐地低了。西山在红光的映衬下,看得清楚了,看到了山峰的高低,但不一会儿,这山峰就被村边飘过的袅袅烟雾笼罩了。烟雾在山间环绕着。

随着太阳的下沉,那条缎带渐渐消逝。但仍有缕缕红光从山下反射到天边,似一把把利剑,斩断了袅袅烟雾。太阳终于睡了。一切都是那么静,淡蓝的天空静静的,小鸟已经归巢了,昆虫已经歇息了,人们吃完饭后都坐在院里休息。一切红光都已消失,在这广漠的空间里,静得没有一点儿声音,一切都在回味刚才的一幕幕美景,又像是怕吵醒了刚刚睡着的太阳。西山渐渐模糊了,看不清了……

乡村的黄昏,似一位恬静的少女,给人们带来安详的环境,愉快的心情,带来美的享受。

【简评】

作者通过对乡村黄昏景物的细心观察,以时间为顺序,描写了日落前到日落这一时段内乡村的景象。景物刻画细致,写出了自己的感受,表达了自己对大自然的热爱之情。

夏日的山村/···唐　静

爬上那座山梁,我又回到了阔别八年的故乡——青平村。

展现在我眼前的依旧是环拱着绿绿青山的村庄。山上松更苍了,柏更翠了。山林里的雀儿依旧欢唱着,声音是那样婉转,那样动听,好像在迎接曾和它们一起玩耍、嬉笑过的老朋友,又好像在诉说着我们过去的情意和重逢的喜悦。

呀!这棵杉树曾和我一般高,如今,长成了参天大树。记得儿时我常常和它比高,不知留下了多少的天真和浪漫;而今,我依旧站在这棵杉树下和它比高,我长高了,可昔日的小树比我更高、更壮。它带着我儿时的欢笑和希望长高了,我无法再与它比试了,只得站在这棵杉树下仰望着,仰望着……

今年的夏天似乎比往年更热,赤热的太阳无情地炙烤着大地,炙烤着整座村庄。我没精打采地来到山林里,来到那曾撒满笑语的星星河畔。星星河的水依旧清清,星星河的鱼儿依旧快活,我的心也像儿时那样畅快。我把穿凉鞋的脚丫伸进小河里,扑打着河水。那丝丝凉意,渗进我的心扉,好痛快!好舒服!刚才那烦恼的燥热早抛到涓涓流淌的小河里,流去了,流去了……

山村的傍晚是美丽的:白云飘飘,彩霞满天。劳累了一整天的人们,拿着蒲扇坐在大黄角树下,尽情地聆听着蟋蟀的弹奏和青蛙的合唱。夜幕悄悄从天空挂下来,月亮姑娘不知何时来到了人群中,正和人们一起享受着这美好的夜景。今宵,一切依然如故,我仍坐在那棵大黄角树下,继续编织那属于我自己的多彩的梦。

晨曦,熟睡的村庄在鸟鸣声中、犬吠声中、人们的吆喝声中惊醒。带着晨的清新,带着晨的芳香……村头,树梢上空飘荡着缕缕炊烟。朝晖里,整座山庄在织一幅美的晨画,织进了蓝天,织进了白云,织进了星星河,织进了大黄角树,也织进了我对美丽故乡山村的一片深情!

【简 评】

本文写的是山村景物。文章词汇丰富,一连串排比句的运用,增添了写景与抒情相结合的色彩,表达出作者对家乡的热爱与眷恋。文章对各种景物的描写很细致、具体,突出了山村的特色。

松江夏夜 / ···李 昂

江畔的垂柳轻柔地挥着手,送别了恋恋不舍的夕阳;天空做好了蓝颜色的褥裸,等待着第一颗星星的诞生;最后一抹晚霞也在西方的天空悄然隐去;轻风来回地在每个人耳畔喃喃低语,宣布着夏夜的来临。

在风吹麦浪里轻舞飞扬

　　高远的天空像一块巨大的调色板，有什么人在里面一笔又一笔地加进庄重而开朗的蓝颜色。起初淡得像水，接着变成浅蓝，又成了湖蓝，继而是靛蓝，最后干脆彻底青下去，里面还掺着点儿淡紫，像一块硕大无比的蓝色锦缎，上面还次第亮起星儿来，像眼睛，像萤火，还轻轻摇摆着在湛蓝的江水里照个影儿呢!

　　飒飒的风轻悄悄地牵起柔柳的手臂，伴着草丛里金铃子的歌声与蟋蟀的琴声，翩然起舞。夜来香和米兰幽然开放，爆出丝丝清冷的香。它们在这夏夜里可并不寂寞。瞧，"月上柳梢头，人约黄昏后。"那男男女女，老老少少，相继三三两两来到江边，散散步，聊聊天，吹吹清爽的江风，体会一下情意的温馨，给这松江夏夜又添了几分优美，几分恬静。

　　月上中天，银光似水，倾洒在江面上，粼粼的波纹反射出清冷的银辉，江水已失去往日的汹涌和湍急，却有着祥和的境界，这里没有大江东去的感慨，也没有逝者如斯的哀叹。这里只有劳作之余的休憩，只有人们满足的快乐。

　　嘘，风儿请慢些吹，江水也别流淌，别破坏这美景，别破坏这气氛。让人们在这天地之间尽情歌唱，让这美好的境界永远留在人们心里。

【简　评】
jian　ping

　　这是一篇十分优美的散文，景物的描写格外动人，究其原因，是小作者熟练而成功地运用了"移情"的手法。移情，本来是指作者将自己的形态、性状赋予客观对象，使客观对象变成作者感情的象征；推而广之，把客观事物想像成具有人性、感觉、思想、感情、意志、心理活动和社会行为的东西，即将客观事物人格化，对客观事物进行拟人化的联想和想像，也叫移情。这两者本质上是一致的，因为作者将客观事物进行人格化的联想和想像时，实际上是以自己为蓝本的。你看，文中垂柳会挥手送别夕阳，天空会等待星星的诞生，晚霞会隐去，轻风会低语；天空颜色的变化是什么人在调色板上涂着油彩，第一颗星儿又在江水里照影。这种移情的描写，使物我同化，主客体交融，赋予了景物以至美的格调，写出了作者真挚的情思。

我爱山区的夏季／···曾芬芳

我的家在山区。

我从小就和山生活在一起。

我爱山上的树木竹林,野花香草;我爱山涧的泠泠泉水,涓涓小溪;我爱山区一年四季不断变幻的风景;我更爱使我心旷神怡的富有特征的夏季。

在春天的时候,山里的一切就被春风染过,变成绿的世界。到了夏天,那绿变得更深更浓。山上的树木更显得茂密,郁郁苍苍。那遍山遍岭的新竹,修长青翠、摇曳婆娑。农户的檐前屋后都缀满青青嫩果。特别是黄梅,从卵形叶子下露出青果,看一眼,都会逗得人直咽口水。吃一口,酸透了!

到了仲夏,市面上会有我们送去的青黄梅子,还有梨子、葡萄。到了夏末成熟的时候,我们这里家家户户都有出售的。夏季,我们这里不仅是果的世界,还是鸟的乐园。全身黑色的八哥,歌喉婉转的黄莺,山区特有的野鸡、斑鸠,还有俗称"模虎头"的猫头鹰,都是山外人少见的!山区的树多,可供它们栖息,而夏季正是它们活动最频繁的时候。夏日夜晚,如果听到猫头鹰那"咯—咯—咯"的悲叫,请不必害怕,那是它们开始一天的工作——捕食老鼠了。

俗话说:高山有好水,这话可真一点也不假。我们一年四季都喝泉水,水特别清,无一点杂质,味特别纯正、清凉。在夏季,泉水更加清冽,凉丝丝的,比喝冰水还要舒服。人们用竹子做成竹笕,把山里的泉水几弯几拐接到屋里。嘿,我们可是用的地道的"自来水"!

听大人说,城里到盛夏会热得喘不过气来,还是我们山里舒服。我没进过城,不知城里夏天会热到什么程度。我们这里昼夜温差大,白天太阳烈,气温高;到了傍晚,清爽的山风阵阵吹来,暑气全消,人们便都能盖着被毯安详地入睡了。

据握着铜嘴竹管长烟壶的老人们说,山区的夏季,雷击也多,我们这里一个长得很高的石笋,就是被雷击掉了一大截,只剩下根基。不过,我还没见到这里被雷击中过什么。

夏季,有人说它是"火暴暴"的季节,个性太强,不喜欢它,而山区的夏季却别有一番风韵,给山区人民增添了幸福和希望。

我爱夏季,我爱我们山区的夏季。

【简　评】
jian　ping

　　本文作者以饱满的热情,真挚的心意,写自己家乡的夏。

　　作者抓住代表山区夏的特色的"风景":山外人很少见的鸟,纯正清凉的泉水,变化极大的温差等进行准确的描述,突出了山区夏的与众不同。文章最后与开篇呼应,深情地表达了作者对自己家乡的热爱之情。

秋韵

四 季 卷

在暖暖的秋阳之中，显示出一种田园牧歌的情调和安谧宁静的气息。

迢遥的牧女的羊铃
摇落了轻的树叶

秋天的梦是轻的
那是窈窕的牧女之恋

于是我的梦静静地来了
但却载着沉重的昔日

哦,现在,我有一些寒冷
一些寒冷,和一些忧郁

快乐阅读
kuai le yue du

秋林晚步 / · · · 王统照

"枯桑叶易零,疲客心易惊!今兹亦何早,已闻络纬鸣。迴风灭且起,卷蓬息复征。……百物方萧瑟,坐叹从此生!"

中国文人以"秋"为肃杀的凄凉的季节,所以天高日回,烟霏云敛的话,常常在诗文中可读到。实在由一个丰缛的盛夏,转到深秋,便易觉一萧凄之感。登山临水,偶然看见清脱的峰峦,澄明的潭水,或者一只远飞的孤雁,一片堕地的红叶……这须臾中的间隔,便有"物谢岁微",抚赏怨情的滋味,充满心头!因为那凋零的,扫落的,肃杀的,冷静的景物,自然的摇落,是凄零的声,灰淡的色,能够使你弹琴没有谐调,饮酒失却欢情。

"春"以花艳,"夏"以叶鲜,说到"秋"来,便不能不以林显了,花欲其娇丽,叶欲其密茂,而林则以疏、以落而愈显。茂林,密林,丛林,固然是令人有苍苍翳翳之感,然而究不如秃枯的林木,在那些曲径之旁,飞蓬之下,分外有诗意,有异感。疏枝,霜叶之上,有高苍而带有灰色面目的晴空,有络纬、蟋蟀以及不知名的秋虫凄鸣在林下。或者是天寒荒野,或者是日暮清溪,在这种地方偶然经过,枫,松,白杨的挺立,朴疏小树的疲舞,加上一声两声的昏鸦,寒虫,你如果到那里,便自然易生凄寥的感动。常想人类的感觉难加以详密的分析;即有分析也不过是物质上的说明,难得将精神的分化说个详尽。从前见太俆与人信中说:心理学家多少年的苦心的发明,恒不抵文学家一语道破……所以像为时令及景物的变化,而能化及人的微妙的感觉,这非容易说明的。实感的精妙处,实非言语学问所能说得出,解得透。心与物的反感,时既不同,人人也不相似。"抚己忽自笑,沉

在风吹麦浪里轻舞飞扬

吟为谁故?"即合起古今来的诗人,又哪一个能够说得毫无执碍呢?

还是向秋林下作一迟回的寻思吧。是在一抹的密云之后,露出淡赭色的峰峦,那里有陂陀的斜径,由萧疏的林中穿过。矫立的松柏,半落叶子的杉树,以及几行待髡的秋柳……那乱石清流边,一个人儿独自在林下徘徊。天色是淡黄的,为落日斜映,现出凄迷朦胧的景象,不问便知是已近黄昏了……这已近黄昏的秋林独步,像是一片凄清的音乐由空中流出。

"残阳已下,凉风东升,偶步疏林,落叶随风作响,如诉其不胜秋寒者!……"

这空中的画幅的作者,明明用诗的散文告诉我们秋林下的幽趣,与人的密感。远天下的鸣鸿,秋原上的枯草,正可与这秋林中的独行者相慰寂寞。

秋之凄戾,晚之默对,如果那是个易感的诗人,他的清泪当潜然滴上襟袖;如果他是个少年,对此疏林中的暝色,便又在冥茫之下生出惆怅的心思。在这时所有的生动,激愤,忧切,合成一个密点的网子,融化的这秋晚的憧憬的景物之中。拾不起的,剪不断的,丢不下的,只有凄凄地微感……这微感却正是诗人心中的灵明的火焰!它虽不能烧却野草,使之燎原,然而无凭的,空虚的感动,已竟在暮色清寥中,将此奇秘的宇宙,融化成一个原始的中心。

一切精微感觉的迫压我们,只有"不胜"二字足以代表。若使完全容纳在心中,便无复洋溢有余的寻思;若使它隔得我们远远的,至多也不过看风景画片值得一句赞叹。然而身在实感之中,又若"不胜",于是他不能自禁,也不能想办法来安排了。落叶如"不胜"秋寒,而落叶林下的人儿,恐怕也觉得"不胜秋"了!况且那令人眷恋惆怅的黄昏,又加上一层凋零的肃杀的意味呢!

真的,这一幅小小的绘画,将我的冥思引起。疏言画成赠我,又值此初秋,令人坐对着画儿,遥听着海边的落叶声,焉能不有一点莫能言说的惆怅!

与你共品

yu ni gong pin

王统照(1897~1957),字剑三,山东诸城人,现代著名作家。

作者在已近黄昏的初秋疏林下独步,目睹到秋林的景象,一种惆怅的心情不禁油然而生,因为秋也毕竟是个萧条凄凉的季节,作者何能不满目萧然。本文写景、议论、抒情综合运用,句式富于变化,行文寓意深刻,阅读时应认真体会。

★那些凋零的、扫落的、肃杀的、冷静的景物,指的是哪些景物?是什么"使你弹琴没有谐调,饮酒失却欢情"这样扫兴?

★秋林具有怎样的特点?使人易生凄零之感动的是什么?为什么说"像为时令及景物的变化,而能化及人的微妙的感觉,这非容易说明的"?(用语段中的语句回答)

★是什么原因使人在已近黄昏的秋林独步,产生"像是一片凄清的音乐由空中流出"这样的感觉?

★文中哪些语句表现"秋林下的幽趣,与人的密感"?

★"一切精微感觉的迫压我们,只有'不胜'二字足以代表",无疑是秋的肃杀凄凉使我们感情上有一种压迫感,所以用"不胜"来代表,文章哪些语句表达了这句话的意思?

★根据文章的内容,你对文章题目《秋林晚步》如何理解?这篇文章表达了作者怎样的思想感情?

★你可能也有散步的时候,请你将散步时观赏到的景物的特点写一写。

枫叶如丹 / ···袁 鹰

春天,绿的世界。

秋天,丹的世界。

绿,是播种者的颜色,是开拓者的颜色。人们说它是希望,是青春,是生命,这是至理名言。

到夏季,绿得更浓,更深,更密。生命在丰富,在充实。生命,在蝉鸣蛙噪中翕动,在炽热和郁闷中成长,在雷鸣雨骤中经受考验。

于是,凉风起天末,秋天来了。

于是,万山红遍,枫叶如丹,落水萧萧,赤城霞起。

丹,是成熟的颜色,是果实的颜色,是收获者的颜色,又是孕育着新的生命的颜色。

单纯是色彩的变化、更替、转换以至循环吗?

撒种,发芽,吐叶,开花,结实。

孕育,诞生,长大,挫折,成熟。

天地万物,人间万事,无一不是贯穿这个共同的过程。而且,自然与人世,处处相通。

今年五月,曾访问澳大利亚。五月在南半球,正是深秋。草木,是金黄色的;树林,是金黄色的。

有一天,在新南威尔士州的青山山谷一位陶瓷美术家 R 先生家做客。到他家时已是晚上,看不清周遭景色,仿佛是一座林中木屋。次日清晨起床,悄悄推门出来,一片宁谧,整个青山都还在静憩中。走到院里,迎面是一株枫树,红艳艳的枫叶,挂满一树,铺满一地。

我回屋取了相机,把镜头试了又试,总觉得缺少点什么。若是画家,定会描出一幅绚烂的斑驳油画,可我又不是。再望望那株枫树,竟如一位凄苦的老人在晨风中低头无语。

这时木屋门开了,一个八九岁的女孩蹦了出来。这是 R 先生的外孙女莉贝卡,他们全家的宝贝疙瘩。小莉贝卡见我对着枫树发愣,就几步跳到树下,拾起两片红叶,来回跳跃,哼着只有她自己懂的曲调。

最初的一缕朝阳投进山谷,照到红艳艳的枫叶上,照到莉贝卡金色的秀发上。就在这一刹那间,我揿了快门,留下一张自己十分满意、朋友们也都喜欢的照片。

后来有位澳大利亚朋友为那张照片起了个题目:秋之生命。

就在这一刹那间,我恍然明白:枫叶如丹,也许正是由于有跳跃、欢乐的生命;或者,它本身也正是有丰富内涵的生命,才使人感到真、善、美,感到它的真正价值,而且感受得那么真切。

于是想到北京香山红叶。香山的红叶是黄栌树,不是枫树,到秋天那一片艳艳的红光,一样能使人心旷神怡。

但是,倘若没有那满山流水般的游人,没有树木中鸣声上下的小鸟,也许

秋

韵

又会使人有寂寞之感了。

有人喜欢它的宁静、庄严；也有人欣赏它的丰饶、浑厚。

于是，又想起二十年前曾游南京栖霞山。栖霞红叶，也是金陵一景。去时虽为十月下旬，枫叶也密布枝头，但那红色却缺少光泽，显得有点黯淡。我不无扫兴地说："盛名之下，其实难副。"南京友人摇摇头，说再迟十天半月，打上一层霜，就自不同了。问怎么个不同法，他说经过风霜，红叶就显得有光泽，有精神。

不经风霜，红叶就没有光泽和精神，恐怕不只是从文学家的眼睛看，也还有点哲理韵味在。难怪栖霞山下大殿里一副楹联有名云："风霜红叶径，数江南四百八十寺，无此秋山。"这半副楹联，让我记到如今。

枫叶如丹，不正是它同风霜搏斗的战绩，不正是它的斑斑血痕吗？

"霜叶红于二月花"，经历了这个境界，才是真正的成熟，真正的美。

愿丹的颜色，丹的真、善、美，长驻心头。

与你共品
yu ni gong pin

　　本文将能显示秋天特色的枫叶用"丹"作比，形象生动。本文作者写枫叶如丹的美丽，实际上是对人生、生命的思考。从文章开头面对眼前如丹枫叶，到回忆澳大利亚枫叶、北京香山红叶和南京栖霞枫叶，揭示"经历过风雨，才能显出坚毅、成熟和美丽"的道理。

个性独悟
ge xing du wu

★本文所蕴含的人生哲理是什么？

★文章主体部分三个层次在布局上有何共同点？

★文章语言极具特色，试举一例加以赏析。

★自己从文中提炼出一种句式，然后写话。

快乐阅读
kuai le yue du

龙山秋月 / · · · 晨 义

　　秋月并不远,就亮在对岸七层塔顶的角檐,犹似一枝素烛,照出龙山的轮廓。杨柳疏朗,瑟瑟撩人眉睫。隔了一河细水望去,那山林染了今夜最好的月色。近处白桥纤巧,虹横秋波之上,正如一堆新雪。踏过桥来,一脚衰草,一脚落叶便踩到山的裙裾。

　　起初是寻着紫荆与枣的狭径曲折而上,顾不得观月。脚底时时感触到荆柯暴露的根骨,又硬又滑。这些隐者耐不住寂寞,昂出头来,不想竟受流水般的鞋履践踏;或是偶遇识者断去,刻琢之后,孤冷冷成了雕玩,像失了归程的扁舟,漂泊无岸,浮沉不定,连枯朽也不知在哪一片烟波里——猛然手背生疼,衣裳也被暗中划响,那肯定是酸枣的扎刺,秋风才磨过的锐气。两边石色青白,或若卧牛,或肥圆,或瘦削,皆沉默于乱草杂木,细嚼?静思?酣睡?倾听?妙不能言。

　　秋月并不高,就醒在身旁瘦松的枝丫,举手却怕惊飞。山脊上的道路是石块拼就,随形顺势,粗平整碎相巧合,自然成趣,会教某些懂笔墨的人忆起板桥书法。月华凝在上面,松影描在上面,白的是石头,黑的也是石头。绕过两个荷叶状的水潭,松林渐渐稠密,山道幽了三分,足音清脆,疑是溪水的流响。拣了个空隙,一座秀塔挺立而起,投尽了一山的灵气。

　　一阶一阶登塔,一阶一阶近月,意境如剥鲜笋。待旋至塔南仰首,不料那月一记亮掌冲来,荡胸拍额,夺目惊心,真叫人击栏叫绝,精神飞扬。其实月亮在不可攀处,但人月之间,因无尘烟掩饰,故虽遥远,却亲近似相贴,听得到呼吸,觉得出暖寒。天清气朗,秋月宛然一颗舒展的心,年轻、强健、激动、辉映乾坤。该怎样的胸怀,才生此皓洁与博大!也只有容纳一切的宇宙,才配得此丰收。惭愧之余,平日被狭隘挤压的心灵恨不能怦然跳出,做一回苍穹的星辰,自由地发光,快乐地奔腾,美丽地唱吟。还有肝胆、肺腑、魂魄……凡所具有的,全都痛快拿出,来一夜慷慨的洗礼,那将是一种禁囚获释的欢畅。人说"有第一等襟袍,第一等学识,斯有第一等真诗",秋月,你是今晚惟一的真诗,世俗的手笔永远写不出的纯粹。

　　下得塔来,石径两侧菊肥如蟹,开得正横。风吹处,香气抓人,似听见蟹螯沙沙的摩响。冷霜取"老吏断案"的严厉,难怪傲菊"下笔辛辣"了些。菊月诗酒,秋之四佳。此时此地,单缺了一杯烈酒的豪情,可惜。

山不高,不险,无奇。

归途再看秋月,雪亮逼人,又是哪一位云游的快斧侠客,趁着夜深人静,匆匆西行。任何烦愁块垒,俱在销杀之列。而他的身后,多少追随的心在驰骋;今夜,又多了一颗。

与你共品
yu ni gong pin

静夜独游,观览秋月,联想到平日被狭隘挤压的心灵恨不能怦然跳出,做一回苍穹的星辰,自由地发光,快乐地奔腾,美丽地唱吟。在大自然中放飞自己的心灵,感受一个完全自由的我。

个性独悟
ge xing du wu

★本文是一篇游记散文,你能找出游踪的顺序吗?

★第一段中"近处白桥纤巧,虹横秋波之上,正如一堆新雪"句的桥为什么是白的?"虹"、"秋波"各指什么?"如一堆新雪"怎么理解?"两边石色青白,或若卧牛,或肥圆,或瘦削,皆沉默于乱草杂木,细嚼?静思?酣睡?倾听?妙不可言",作者是从哪几个角度写山坡上的石头的?

★第三段中山脊上的道路是用石块拼成的,作者把它比喻郑板桥的书法。从字面上看,能否推断出郑板桥书法的什么特点?第四段中,写出秋月的什么特点?

★作者在与秋月如此贴切之时,有着怎样的感受?

★文中说"有第一等襟袍,第一等学识,斯有第一等真诗"。作者在赞美什么?你是怎样理解的?

快乐阅读
kuai le yue du

秋天，也是一种开始 / ···段正山

许多人都喜欢礼赞秋天金色的收获，而就在这种礼赞之中秋天却悄悄给人们一个凄清的空白。

秋天的果实对于春天的花蕾来说诚然是一种圆满，而秋天的落叶对于春天的芬芳来说却是一种终结。没有哪个季节比秋天更能让人感到生命的璀璨与生命的枯萎竟是戏剧般地连在一起，几乎就在一夜之间欣喜可能就会变为疑惑，甚至就在同一片风景里，这边是丰硕，那边却是落寞。

然而，这实在不是秋天的过错，而是看错秋天的人的悲哀。

当一种追求终于得到报偿，一种拥有足以成为辉煌的时候，我们很有可能就会用满足衰减曾经的愿望，用得意吞噬往日的激情了。

于是我们时常站在一个高度而无法超越，时常徘徊在一种境界的面前而茫然无措。

其实，时光从不会停滞，季节也不会有断层，只要愿意并为之努力，我们什么时候都可以给世界一个惊奇，给自己一个惊喜。

既然秋天不会给我们永恒的完美和充实，秋天只能是更高意义上的开始。

秋天里我们毕竟不能沉醉太久，沉醉只能使我们在严冬中战栗而不知所措。相反，鼓起壮志迎上去，即使在寒冬的风雪中练就的也将是更厚实的勇气。

秋天里我们毕竟不能只是慨叹，金黄变为枯黄是一种凋落，也是一种新生，只为凋落唱挽歌，绝听不到新生的奏鸣曲。

秋天里我们毕竟不能有太多的失意，心中的灰暗太多，就是给你的都是朗日晴空，又怎能穿过厚厚的冻土，为春天献上一抹绿意？

秋天，也是一种开始。

不妨把或多或少的收获放进日记，不妨把亦真亦幻的追求交给岁月，不妨抖落掉满意的笑声也抖落掉不满意的愁云，不妨忘记徒劳的辛苦也忘记并不辛苦的幸运，迎着一天比一天强劲的西北风出征。

把秋天作为开始，四季才会崭新。

与你共品
yu ni gong pin

　　本文是一篇美文,具有循环往复的构思之美,整齐灵动的语言之美,启人深思的哲理之美。文章采用层进式结构,运用排比、对照等修辞手法,阐述秋天里,我们不能沉醉、不能慨叹,而应把秋天作为开始,继续努力,创造新的辉煌。

个性独悟
ge xing du wu

　　★用"把秋天作为开始,才能……"这个句式概括文章表达的意思。
　　★根据你对"秋天,也是一种开始"的理解,写出两个不同的限制语。
　　★说说阅读本文后你的感受。
　　★自己从文段中提炼一种可以学用的句式,写话。

快乐阅读
kuai le yue du

秋／···丰子恺

　　我的年岁上冠用了"三十"二字,至今已两年了。不解达观的我,从这两个字上受到了不少的暗示与影响。虽然明明觉得自己的体格与精力比二十九岁时全然没有甚么差异,但"三十"这一个观念笼在头上,犹如张了一顶阳伞,使我的全身蒙了一个暗淡色的阴影,又仿佛在日历上撕过了立秋的一页以后,虽然太阳的炎威依然没有减却,寒暑表上的热度依然没有降低,然而只当得余威与残暑,或者霜降木落的先驱,大地的节候已经移交于秋了。

实际上,我两年来的心情与秋最容易调和而融合。这情形与从前不同。在往年,我只慕春天。我最欢喜杨柳与燕子。尤其欢喜初染鹅黄的嫩柳。我曾经名自己的寓居为"小杨柳屋",曾经画了许多杨柳燕子的画,又曾经摘取秀长的柳叶,在厚纸上裱成各种风调的眉,想像这等眉的所有者的颜貌,而在其下面添描出眼鼻与口。那时候我每逢早春时节,正月二月之交,看见杨柳枝的线条上挂了细珠,带了隐隐的青色而"遥看近却无"的时候,我心中便充满了一种狂喜,这狂喜又立刻变成焦虑,似乎常常在说:"春来了!不要放过!赶快设法招待它,享乐它,永远留住它。"我读了"良辰美景奈何天"等句,曾经真心地感动。所有古人都叹息一春的虚度,前车可鉴!到我手里决不放它空过了。最是逢到了古人惋惜最深的寒食清明,我心中的焦灼便更甚。那一天我总想有一种足以充分酬偿这佳节的举行。我准拟作诗,作画,或痛饮,漫游。虽然大多不被实行;或实行而全无效果,反而中了酒,闹了事,换得了不快的回忆;但我总不灰心,总觉得春的可恋。我心中似乎只有知道春,别的三季在我都当做春的预备,或待春的休息时间,全然不曾注意到它们的存在与意义。而对于秋,尤无感觉:因为夏连续在春的后面,在我可当做春的过剩;冬先行在春的面前,在我可当做春的准备;独有与春全无关联的秋,在我心中一向没有它的位置。

自从我的年龄告了立秋以后,两年来的心境完全转了一个方面,也变成秋天了。然而情形与前不同:并不是秋日感到像昔日的狂喜与焦灼。我只觉得一到秋天,自己的心境便十分调和。非但没有那种狂喜与焦灼,且常常被秋风秋雨秋色秋光所吸引而融化在秋中,暂时失却了自己的所在。而对于春,又并非像昔日对于秋的无感觉。我现在对于春非常厌恶。每当万象回春的时候,看到群花的斗艳,蜂蝶的扰攘,以及草木昆虫等到处争先恐后地滋生繁殖的状态,我觉得天地间的凡庸,贪婪,无耻,与愚痴,无过于此了!尤其是在初春的时候,看到柳条上挂了隐隐的绿珠,桃树上着了点点的红斑,最使我觉得可笑又可怜。我想唤醒一个花蕊来对它说:"啊!我也来反复这老调了!我眼看见你的无数的祖先,个个同你一样地出世,个个努力发展,争荣竞秀;不久没有一个不憔悴而化泥尘。你何苦也来反复这老调呢?如今你已长了这蘖根,将来看你弄娇弄艳,装笑装聱,招致了蹂躏,摧残,攀折之苦,而步你的祖先们的后尘!"

实际,迎送了三十几次的春来春去的人,对于花事早看得厌倦,感觉已经麻木,热情已经冷却,决不会再像初见世面的青年少女似的为花的幻姿所诱惑而赞之,叹之,怜之,惜之了。况且天地万物,没有一件逃得出荣枯,盛衰,生灭,有无之理。过去的历史昭然地证明着这一点,无须我们再说。古来无数的诗人千篇一律地为伤春惜花费词,这种效颦也觉得可厌。假如要我对于世间的生荣死灭费一点词,我觉得生荣不足道,而宁愿欢喜赞叹一切的死灭。对于前者的贪婪,愚昧,与怯弱,后者的态度何等谦逊,悟达,而伟大!我对于春与秋的舍取,也是为了这一点。

夏目漱石30岁的时候,曾经这样说:"人生二十而知有生的利益;二十五而知有明之处必有暗;至于三十的今日,更知明多之处暗亦多,欢浓之时愁亦重。"我现在对于这话也深抱同感;同时又觉得三十的特征不止这一端,其更特殊的是对于死的体感。青年们恋爱不遂的时候惯说生生死死,然而这不过是知有"死"的一回事而已,不是体感。犹之在饮冰挥扇的夏日,不能体感到围炉拥衾的冬夜的滋味。就是我们阅历了三十几度寒暑的人,在前几天的炎阳之下也无论如何感不到浴日的滋味。围炉,拥衾,浴日等事,在夏天的人的心中只是一种空虚的知识,不过晓得将来须有这些事而已,但是不能体感它们的滋味。须得入了秋天,炎阳逞尽了威势而渐渐退却,汗水浸湿了的肌肤渐渐收缩,身穿单衣似乎要打寒噤,而手触法兰绒觉得快适的时候,于是围炉,拥衾,浴日等知识方能渐渐融入体验界中而化为体感。我的年龄告了立秋以后,心境中所起的最特殊的状态便是这对于"死"的体感,以前我的思虑真疏浅!以为春可以常在人间,人可以永在青年,竟完全没有想到死。又以为人生的意义只在于生,而我的一生最有意义,似乎我是不会死的。直到现在,仗了秋的慈光的鉴照,死的灵气钟育,才知道生的甘苦悲欢,是天地间反复过亿万次的老调,又何足珍惜?我但求此生的平安的度过与脱出而已。犹之罹了疯狂的人,病中的颠倒迷离何足计较?但求其去病而已。

我正要搁笔,忽然西窗外黑云弥漫,天际闪出一道电光,发出隐隐的雷声,骤然洒下一阵夹着冰雹的秋雨。啊!原来立秋过得不多天,秋心稚嫩而未曾老练,不免还有这种不调和的现象,可怕哉!

在风吹麦浪里轻舞飞扬

与你共品
yu ni gong pin

　　丰子恺(1898~1975),原名丰润,浙江崇德人,现代著名作家、美术家、教育家。他的散文风格是质朴自然,直率坦诚,不拘泥于套路,随意写来,意味隽永。本文赞叹一切的死灭,故以"秋"为题,但文章又花费较大笔墨写春,使春的贪婪、愚昧、怯弱与秋的谦逊、悟达、伟大形成鲜明对照,抒发了作者的真情实感。

个性独悟
ge xing du wu

　　★文题"秋"一语双关,请回答"秋"在文中的含义?

　　★第一自然段中的画线句有什么深刻含义?第二自然段说"这情形与从前不同",请回答不同在哪?

　　★文章通过哪几件事写我"只慕春天"?

　　★作者对于春是情有独钟,惟独对秋"尤无感觉",那么,对于"夏"和"冬"有什么感觉呢?

　　★"我对于春与秋的舍取,也是为了这一点",作者舍"春"与取"秋"各是因为什么?

　　★作者引用夏目漱石的话,目的在于说明什么?

　　★本文的题目是"秋",作者为什么用大量笔墨而写"春"?

快乐阅读
kuai le yue du

写给秋天 / ···罗 兰

　　尽管这里是亚热带,但我仍从蓝天白云间读到了你的消息。那蓝天的明净高爽,白云的浅淡悠闲,依约仍有北方那金风乍起、白露初零的神韵。

　　一向,我欣仰你的安闲明澈,远胜过春天的浮躁喧腾。自从读小学的童年,我就深爱暑假过后,校园中野草深深的那份宁静,夏的尾声已近,你就在极度成熟蓊郁的林木间,怡然的拥有了万物。由那澄明万里的长空,到穗实累累的秋天,就都在你飘逸的衣襟下安详的找到了归宿。接着,你用那黄菊、绿叶、征雁、秋虫,一样一样的把宇宙染上含蓄淡雅的秋色,于是木叶由绿而黄而萧萧的飘落,芦花飞白,枫林染赤,小室中枕簟生凉,再加上三日五日潇潇秋雨,那就连疏林野草间都是秋声了!

　　想你一定还记得你伴我度过的那些复杂多变的岁月。那两年,我在那寂寞的村学里,打发凄苦无望的时刻,是你带着哲学家的明悟,来了解慰问我深藏在内心的悲凉。你让我领略到寂寥中的宁静,无望时的安闲,于是那许多唐人诗句,都在你澄明的智慧引导之下,一一打入我稚弱善感的心扉。是你教会了我怎样去利用寂寞无聊的时刻,发掘出生命的潜能,寻找到迷失的自我。

　　你一定也还记得,我们为你唱"红叶为他遮烦恼,白云为他掩悲哀"的那两年苍凉的日子。情感上的折磨使我们觉察到人生中有多少幻灭、多少残忍,有多少不忍卒说的悲哀!但是,红叶白云终于为我们冲淡了那胶着沉重的烦恼和忧郁。如今时已过,境早迁,记忆中倒真的只残留着当时和我共患难的那个女孩落寞的素脸。是"白云如粉黛,红叶如胭脂",还是"粉黛如白云,胭脂如红叶"!

那感伤落寞的心情如今早已消散无存!原来一切的悲哀,如加以诗情和智慧去涂染,将都成为深沉激动的美丽。你是曾如此有力启迪了我们,而在我逐渐沉稳的中年,始终领悟到你真正的豁达与超然。

你接收了春的绚烂和夏的繁荣,你也接收了春的张狂和夏的任性;你接收了生命从开始萌生到稳健成熟这期间的种种苦恼、挣扎、失望、焦虑、怨愤和哀伤;你也容纳了它们的欢乐、得意、胜利、收获和颂赞。你告诉我:生命的过程注定是由激越到安详,由绚烂到平淡。一切情绪上的激荡终会过去,一切彩色喧哗终会消隐。如果你爱生命,你该不怕去体尝。因为到了这一天,树高千丈,叶落归根,一切终要回返大地,消溶于那一片渺远深沉的棕土。到了这一天,你将携带着丰收的生命的果粒,牢记着它们的苦涩或甘甜,随着那飘坠的落叶消隐,沉埋在秋的泥土中,去安享生命最后的胜利,去吟唱生命真实的凯歌!

生命不是虚空,它是如厚重的大地一般的真实而具体。因此,他应在执著的时候执著,沉迷的时候沉迷,清醒的时候清醒。

如今,在这亚热带的蓝天白云间,我仍然读到你智慧的低语。我不但以爱和礼赞的心情来记住生命中的欢乐,也同样以爱和礼赞的心情去纪念那几年——生命中难得出现的那几年中的刻骨的悲酸与伤痛!

而今后,我更要以较为平淡的心情去了解,了解那属于你的,冷然的清醒,超逸的豁达,不变的安闲和永恒的宁静!

与你共品

yu ni gong pin

本文以"写给秋天"为题,寓意深刻。阅读本文,要抓住随景物的不断变化,作者的心绪也不断变化的特点,感悟秋景给作者的冷然的清醒,超逸的豁达,不变的安闲和永恒的宁静。

个性独悟
ge xing du wu

★作者是从哪几个方面来描写秋天的"神韵"。请概述出来。

★作者是怎样描绘秋的"安闲明澈"的?从秋的"安闲与明澈"中,作者得到了怎样的心灵感动?

★从秋的"明悟"与"智慧"中,你悟出了人生的什么哲理?

★作者饱经风霜后,告诉了我们怎样的生存哲理?

快乐阅读
kuai le yue du

秋　水 / · · · 徐　迅

　　在乡间,人对自然的感觉分外敏锐——那时候,在疲惫的田间劳动之后,有时,我也像其他的乡亲一样到水里冲洗一番。直到有一天站在水中央,忽然发觉身边的水就变得异样的稠密、温凉,掬在手心的一捧在指缝间透明着四散流溢,手指有种酽酽滑腻的感觉。湿淋淋地从水里爬起来,浑身禁不住打了个冷噤——这时,我才感觉节气真的是立秋了。

　　秋水四合。像蚌为了涵养珍珠,慢慢闭封起它那张开了的智慧的壳。大地进入了一个休整期。

　　无法涉入秋水。只可观看——当时我想,几千年前那不事稼穑的庄子和惠子,应该也是在这天立于濠梁之上观看秋水的。那时,大地被收拾得一片干净,空气澄明,纤尘不飞。他两人尽管一个刚死了老婆,一个刚失掉了相位,但恰如秋水剔除了曾经的繁华和喧哗,转入到这生命的休整期一样,他们的心境如同秋水般祥和,十分清亮。于是一个说:你总害怕相位让我取而代之,因此将大梁城瞎折腾了一番,现在尝到了失意的滋味了吧? 一个嘴巴也不饶人,说:你老婆死了,你却敲盆而歌,自以为惊世骇俗,就不怕留下那千古骂名? ——面对秋水,两人已不再尖锐对立了。只哈哈一笑,眼睛就一齐投向了水中的鱼:子非鱼,安知鱼之乐?

秋水无言。两位哲人那袒露着的襟怀,就如同一条更为清澈明晰的秋水。生命的彻悟有时竟就是秋水所滋生的。

立秋前后的水真的迥然不同。刚刚过去的夏天因为阳光的渗透,水过于炙热和喧闹,做了表面上文章。而曾经汹涌四至的春水,又是水性杨花,春心泛滥,似乎肩负着过重的责任,努力地孕育着生命,无疑它也就拥有生命成长的冲动和朝气了。滞后的冬天,山瘦水寒,形容枯瘦,在不断的冻结和流失。只有秋天的水表里如一,至为单纯,既无孕育生命的痕迹,又没冬天的刺骨寒冷。它平静地流涌,只需保证自然生命必备的涵养。它横淌在生命的存在与死亡之间。

秋水茫茫。在秋阳的照耀下,一泓秋水泛出的层层涟漪,也会轻轻叩击着岸边的岩石和青草。但那样子就似刚刚生产过的产妇对男人的轻吻,然后就美丽地躺着,呈现出一种绚丽归于平淡的境界。空中一群又一群的大雁南飞,漠漠青田,最后一行白鹭也钻入了云霄。水面上的浮萍、红莲、水草由绿色渐渐变成褐红色。一片荷花开谢过的池塘,荷叶饱胀得像穿着绿裙子的少妇,体态丰腴,凸现出膨胀的生命被释放过后的轻松。使人在看到生命回光返照的同时,领略到"望穿秋水"的真正含义。

在秋水浩淼的季节,庄稼人有着短暂的消闲时期。但紧接着秋收的到来,他们随即就在田里做一年最后的一次征战。秋天的肃杀之气也一天天出现在水里,这时候人们似乎才感觉到,在秋水美丽的表面,那其中生命的挣扎、抵抗和搏斗一时一刻也没有停止过。水里的所有生命都参与了这场不愠不热而又异常严肃的斗争……生存与扼杀、温暖与寒冷、成长与抑制、正义抑或邪恶,自然以它本身的法则做着生命痛苦的抉择。因此伴着秋风落叶声的如贯盈耳,秋水渺渺,我们已经无法下水亲身体会鱼的快乐与不快乐了。

有了这些,我就陡然明白了庄稼人为什么对节气总是充满了生命的敬畏,也理解了他们为什么紧赶慢赶,要将所有的农作物赶在立秋之前拾掇完毕。同是姓"庄",庄稼人对"立秋"这个节气有着比老庄更为接近本质的透悟。

子在川上曰:"逝者如斯夫。"人们习惯上以为这是孔老夫子在哀叹滔滔而逝的东流水,其实不是——他哀伤的正是这貌似静谧、澄澈的秋水,只有在这里,他感受到生命真正消亡时的过程——但与许多人一样,我自那个立秋的日子误入秋水,像一尾快乐的鱼爬上岸之后,就很少有机会再涉入那同样的秋水中去了。现在,所谓城市的喧闹声和风沙悄然地磨钝了我的嗅觉和触觉,就连

"望穿秋水"也成为我的一件十分奢侈的事了。

与你共品
yu ni gong pin

本文由对亲身感觉的描绘起笔,叙写秋水的特色,揭示静谧、澄澈的秋水表面,掩盖着生命痛苦的抉择。文章通过对秋水特征的论述,揭示生命的挣扎,抵抗和搏斗才是秋天的主题。

个性独悟
ge xing du wu

★研读"秋水茫茫"中相关描述,说说"望穿秋水"的真正含义。

★结合自己对秋天的观察和生活经历,说说你对"现在,所谓城市的喧闹声和风沙,悄然地……"一句的理解或感受。

★文章主体部分每层都有中心句,这些句子是哪些?把你对秋天某个方面的特征的观察结果或独特感受用这样的句子写出来。

快乐阅读
kuai le yue du

秋天的孩子 / ··· 睿 安

一直觉得人的感受力在秋天特别敏锐,最能领略书中的况味、画中的意境,个个都成了诗人。

那天,在课堂上,我说:"孩子们,让我们来聊聊秋天吧!"他脱口说出:"我爸妈在'秋天'离婚……"

　　愣了两秒钟后,他像不小心泄露心底秘密似的,把头压得好低好低。我突然觉得这件事情像一支蓄势待发的箭,随时随地会倏然而出地刺伤孩子的心。

　　而后他一连串的对话,让我心中原本诗意的秋天急转直下——比冬天还冷。

　　课本上形容落叶是秋天托北风寄来的信笺,我觉得很美,他却说:"落叶根本是大树不要的孩子,只好乘着北风到处去流浪。"

　　我说:"秋天一到,候鸟又来了,它们千里迢迢飞渡海洋到台湾做客。"他说候鸟费尽千辛万苦,只是为了找妈妈,就像"万里寻母"的故事一样。

　　"秋天,橘子红了!"他说橘子是妈妈最爱的水果。妈妈总是把橘子剥得好干净,肥肥嫩嫩、圆圆滚滚的,像光着身子的小婴儿,看了忍不住想吸一口。

　　我说:"入秋后,八月桂花香!"他说他记得桂花的味道,妈妈曾带他到公园捡拾飘落的桂花,然后掏一把封进茶叶罐里。

　　妈妈说,过些时日,桂花香和茶叶香就会像我和她一样你侬我侬永不分离。

　　"秋天,蟹黄肥了。"我说。他眼里有股超龄的怅然,冷冷地问:"老师,螃蟹爸爸和螃蟹妈妈生完小螃蟹后,会离婚吧?"

　　我说:"秋天很好,有中秋节呢!"他说自从妈妈不在身边,月饼吃起来不甜;月亮怎么看都不圆。

　　我说:"秋天枫叶红了。"他说那是因为枫叶宝宝心里难过得要命,却又憋着不哭,才会把脸憋得红通通。

　　"秋天,芒草白了山头。"他忧心忡忡地问:"如果我长大,妈妈头发都白了,她还认得我吗?"

　　他说……

　　他说……

　　我说不出话来,闻到了秋天的萧索。

与你共品
yu ni gong pin

　　本文思维十分奇特。文中基本上是语录式的，直接叙写"我"和孩子对同一秋景的不同感受，而极少议论，给读者留下许多思考的空间。文中的景色在成人眼里那么富有诗意，那么美的风景，在孩子眼里却成了"离别""分离"。正是这种忧郁之情，让作者有了"闻到秋天的萧索"的感觉。

个性独悟
ge xing du wu

　　★"秋天的孩子"中的"秋天"仅仅是指季节、时令吗？说说你的理解。

　　★你认为本文作者写此文的目的何在？

　　★自选角度，写一句赏析本文语言的话。

　　★发挥你的想像，将文章末尾两个"他说"的内容补充完整。

快乐阅读
kuai le yue du

秋　颂／···罗　兰

秋天的美，美在一份明澈。

有人的眸子像秋，有人的风采像秋。

代表秋天的枫树之美，并不仅在那经霜的素红，而更在那临风的飒爽。

当叶子逐渐萧疏，秋林显出了它们的秀逸，那是一份不需任何的点缀的洒脱与不在意俗世繁华的孤傲。

最动人是秋林映着落日。那酡红如醉,衬托着天边加深的暮色。晚风带着清澈的凉意,随着暮色浸染,那是一种十分艳丽的凄楚之美,让你想流几行感怀身世之泪,却又被那逐渐淡去的醉红所慑住,而情愿把奔放的情感凝结。

曾有一位画家画过一幅霜染枫林的《秋院》。高高的枫树,静静掩住一园幽寂,树后重门深掩,看不尽的寂寥,好像我曾生活其中,品尝过秋之清寂。而我仍想悄悄步入画里,问讯那深掩的重门,看其中有多少灰尘,封存着多少生活的足迹。

最耐人寻味的是秋日天宇的闲云。那么淡淡然、悠悠然,悄悄远离尘间,对世间的纷纷攘攘,不再有动于衷。

秋天的风不带一点修饰,是最纯净的风。那么爽利地轻轻掠过园林,对萧萧落叶不必有所眷顾——季节就是季节,代谢就是代谢,生死就是生死,悲欢就是悲欢。无需参与,不必留连。

秋水和风一样的明澈。"点秋江,白鹭沙鸥",就画出了这份明澈。没有什么可忧心、可紧张、可执著。"傲杀人间万户侯,不识字烟波钓叟。"秋就是如此的一尘不染。

"闲云野鹤"是秋的题目,只有秋日明净的天宇间,那一抹白云当得起一个"闲"字。野鸥的美,澹如秋水,远如秋山,无法捉摸那么一份飘洒,当得起一个"逸"字。"闲"与"逸",正是秋的本色。

也有某些人,具有这份秋之美。也必须是这样的人,才会有这样的美。这样的美来自内在,他拥有一切,却并不想拥有任何。那是由极深的认知与感悟所形成的一种透彻与洒脱。

秋是成熟的季节,是收获的季节,是充实的季节,它饱经了春之蓬勃与夏之繁盛,不再以受赞美、被宠爱为荣。它把一切的赞美与宠爱都隔离在澹澹的秋光外,而只愿做一个闲闲的、远远的、可望而不可即的,秋。

与你共品
yu ni gong pin

秋天的叶子洒脱,秋天的云高淡,秋天的风和水明澈。这就是秋的独特的美。因为它饱经了春之蓬勃与夏之繁盛,不再以受赞美、被宠爱为荣。作者表面上为写秋,实际上是借赞"秋"来抒写人生的感悟。从这篇《秋颂》中,你会得到怎样的启迪呢?

个性独悟
ge xing du wu

★以简洁的语言概括出作者笔下的秋的特点。

★作者写《秋院》这幅画的用意是什么?

★作者在写到秋风时,说到"代谢就是代谢,生死就是生死,悲欢就是悲欢",这表达了作者怎样的思想感情?你从中悟到了什么哲理?

快乐阅读
du wen liang pian

故乡霜晨 / ··· 陈所巨

月淡淡的,是凌晨的那种淡得几乎感觉不到的月儿。朦朦胧胧,是天边渗出的一丝光亮和从那轮淡月上洒下来的粉色的光晕融在一起的效果罢。田野、村庄、森林,以及远处一抹浅浅的远山的影,都宁静得几乎空无一物。只有悠长的鸡鸣,远远近近从空洞的幽深中逸出,让你招架不住地跌进某种艺术境界之中。古人无疑深解其中的奥妙,于是就有了"鸡声茅店月,人迹板桥霜"的诗句。李白也是深得其中奥妙的,"床前明月光,疑是地上霜。"霜和月究竟有什么区

在风吹麦浪里轻舞飞扬

别?李白倒疑惑了,并在那种由错觉造成的疑惑之中,走进水乳交融、无边无际的乡思。

乡思是本能,是心灵的取向,也是可以孕育和生发艺术的土壤。那泥土的褴褓,那以脐带和母体相连的岁月,无法忘怀。无论你走多远,无论你在哪里,也无论你离别多久,那一个"乡"字,在你人生之中真个入木三分了。那是一种甚至比爱情还深刻的"剪不断,理还乱"的情感啊!古人有过思乡的时候,乡情是一杯浓浓的酒。我们有过思乡的时候,乡情是一札厚厚的字字珠玑的回忆。乡思的痛彻,古往今来诗人们已经实实在在地尝过,我当然也已尝过了。"日暮乡关何处是,烟波江上使人愁",我们的情感是共通的、延续的,因为我们有同一片故乡。

而此时,就在这个暮秋的清晨,我已身在故乡,身在这片黝黑色丰饶的褴褓之地。"竞折荷团遮晚照"的童年,仿佛近在咫尺,但在那种清水一般丝丝缕缕的寒凉的晨风之中,竟排解不掉"乡音未改鬓毛衰"的无奈。李白远在他乡,竟将月光疑作晨霜了,而我此时并未有那种魔幻的错觉,我的寻找是真实的、刻骨铭心的,那是我故乡的霜晨,那是留在我懵懂童年记忆里随时可以萌发的美丽。

面对着老大一片由月光和晨霜覆盖的苍茫,粉色的世界竟如一整块硕大无比的玉雕那样充盈着柔情的诱惑。我无法有效地将淡月和晨霜分开,只是一味地沉浸在那份早在童年就熟悉的柔情之中。博大的爱意由来已久,而且无所不在。路是粉色的,石头、草叶是粉色的,房舍、小桥是粉色的,月光和晨霜融和着竟是这样一种韵味,这样一溜唐诗宋词的平平仄仄!

有月的霜晨是如此的美丽!那些细小的霜绒,也可以说是霜的蕊,霜的浅浅的胎毛,以及霜的博大柔情装饰下的一切,竟美得让人由衷地惊诧!水是美的,雪是美的,冰是美的,我倒觉得:水的最美的形态是霜!那细细的霜绒、晶莹的霜蕊,那大片的覆盖着暮秋和整个冬天凌晨的薄薄的一层粉白,不是最纯粹动人的美吗?然而,越是美的东西就越是短暂。桃花是美的,难免"落花流水";昙花是美的,终归"昙花一现";霜是美的,却只存在于一个又一个短暂的清晨。

我因而更加看重那些美而短暂的东西。也正因为短暂,那美才更有价值吧。

月更加淡了,东边天空原先渗润而出的一缕白光,渐渐地强大了,活力充沛了,霜也因此有一些难以觉察的红润。故乡的早晨,以及早晨所包含的一切,也都渐渐红润起来。小路伸向远方,炊烟开始蠕动,一些必然的生活之声,渐渐

秋

韵

地显出嘈杂了。而霜依然无声,无声地在第一缕阳光出现之后懒洋洋地开始融化。我隐隐约约似乎听见细微的婴啼之声,才发现霜原来是有生命的。

在城里,你很难见到霜,而在乡下,在有霜的季节随便哪一个晴朗的早晨,你都会看见霜,并轻而易举地感觉得出它与你的亲近。

故乡霜晨,那依然是一种既遥远又贴近的隆重与深切的美!

与你共品
yu ni gong pin

乡思是本能,是心灵的取向,也是可以孕育和生发艺术的土壤。古人有过思乡的时候,乡情是一杯浓浓的酒;我们有过思乡的时候,乡情是一札厚厚的字字珠玑的回忆。故乡的霜晨哟,依然是一种既遥远又贴近的隆重与深切的美!

个性独悟
ge xing du wu

★作者说:"水是美的,雪是美的,冰是美的。我倒觉得:水的最美的形态是霜",作者从哪两个方面说明了霜的美?

★本文除了细腻生动而又独到的描写之外(如写月、写霜),浓烈的抒情笔墨更增添了文章的感染力。请将第二段文字熟读背诵,然后将画横线的四个句子,按照句子的最基本结构简化缩写。

★作者为什么"更加看重那些美而短暂的东西"?

快乐阅读
kuai le yue du

济南的秋天 / ···老 舍

　　济南的秋天是诗境的……

　　请你在秋天来。那城,那河,那古路,那山影,是终年给你预备着的。可是,加上济南的秋色,济南由古朴的画境转入静美的诗境中了。这个诗意的秋光秋色是济南独有的。上帝把夏天的艺术赐给瑞士,把春天的赐给西湖,秋和冬的全赐给了济南。秋和冬是不好分开的,秋睡熟了一点便是冬,上帝不愿意把它忽然唤醒,所以作个整人情,连秋带冬全给了济南。

　　诗的境界中必须有山有水。那么,请看济南吧。那颜色不同,方向不同,高矮不同的山,在秋色中便越发的不同了。以颜色说吧,山腰中的松树是青黑的,加上秋阳的斜射,那片青黑便多出些比灰色深,比黑色浅的颜色,把旁边的黄草盖成一层灰中透黄的阴影。山脚是镶着各色条子的,一层层的,有的黄,有的灰,有的绿,有的似乎是藕荷色儿。山顶上的色儿也随着太阳的转移而不同。山顶的颜色不同还不重要,山腰中的颜色不同才真叫人想作几句诗。山腰中的颜色是永远在那儿变动,特别是在秋天,那阳光忽然能够清凉一会儿,忽然又温暖一会儿,这个变动并不激烈,可是山上的颜色觉得出这个变化,而立刻随着变换。忽然黄色更真了一些,忽然又暗了一些,忽然像有层看不见的薄雾在那儿流动,忽然像有股细风替"自然"调和着彩色,轻轻地抹上一层各色俱全而全是淡色的色道儿。有这样的山,再配上那蓝的天,暖晴的阳光,蓝得像要由蓝变绿了,可又没完全绿了。暖晴得要发燥了,可是有点凉风,正像诗一样的温柔,这便是济南的秋。况且因为颜色的不同,那山的高低也更显然了。高的更高了些,低的更低了些，山的棱角曲线在晴空中更真了，更分明了，更瘦硬了。看山顶上那个塔！

再看水，以量说，以质说，以形式说，哪儿的水能比济南？有泉——到处是泉，有河，有湖，这是由形式上分。不管是泉是河是湖，全都那么清，全是那么甜。哎呀，济南是"自然"的 Sweet heart 吧？大明湖夏日的莲花，城河的绿柳，自然是美好的了，可是看水，是要看秋水的。济南有秋山，又有秋水，这个秋才算个秋，因为秋神是在济南住家的。先不用说别的，只说水中的绿藻吧，那份儿绿色，除了上帝心中的绿色，恐怕没有别的东西能比拟的。这种鲜绿全借着水的清澄显露出来，好像美人借着镜子鉴赏自己的美。是的。这些绿藻是自己享受着那水的甜美呢，不是为给谁看的。它们知道它们那点绿的心事，它们终年在那儿吻着水波，做着绿色的香梦。淘气的鸭子，用金黄的脚掌碰它们一两下；浣女的影儿，吻它们的绿叶一两下，只有这个，是它们的香甜的烦恼。羡慕死诗人呀！

在秋天，水和蓝天一样的清凉。天上微微有些白云，水上微微有些波皱。天水之间，全是清明，温暖的空气，带着一点桂花的香味。山影儿也更真了。秋山秋水虚幻地吻着。山儿不动，水儿微响。那座古的老城，带着这片秋色秋声，是济南，是诗。

与你共品
yu ni gong pin

这是一篇写景抒情的散文。文章以"诗境"为线索，先写出济南秋天的特征，然后再分别描写其山景和水景，脉络清晰，层次分明。

作者随手选取一个"您"来作为倾诉的对象，侃侃而谈，字里行间充溢着赞美和陶醉之情。

个性独悟
ge xing du wu

★济南秋天的山、水特点是什么?在描绘济南秋天的山景时,主要写了什么?

★这篇文章主要抒发了作者什么样的思想感情?

★读过《济南的秋天》后,你有没有觉得有似曾相识的感觉?是不是觉得与"冬天"差别并不大?你能用《济南的秋天》中的原文来解释这种感觉吗?

★以选文中描绘的景色为素材,试着画一幅《济南的秋天》的山水画。

快乐阅读
kuai le yue du

异国秋思 / · · · 庐　隐

自从我们搬到郊外以来,天气渐渐清凉了。那短篱边牵延着的毛豆叶子,已露出枯黄的颜色来,白色的小野菊,一丛丛由草堆里钻出头来,还有小朵的黄花在凉劲的秋风中抖颤,这一些景象,最容易勾起人们的秋思,况且身在异国呢!低声吟着帘卷西风,人比黄花瘦之句,这个小小的灵宫,是弥漫了怅惘的情绪。

书房里格外显得清寂,那窗外蔚蓝如碧海似的青天和淡金色的阳光。还有挟着桂花香的阵风,都含了极强烈的,挑拨人类心弦的力量,在这种刺激之下,我们不能继续那死板的读书工作了,在那一天午饭后,波便提议到附近吉祥寺去看秋景,3点多钟我们乘了市外电车前去,——这路程太近了,我们的身体刚刚坐稳便到了。走出长甬道的车站,绕过火车轨道,就看见一座高耸的木牌坊,在横额上有几个汉字写着"井之头恩赐公园"。我们走进牌坊,便见马路两旁树木葱茏，绿阴匝地，一种幽妙的意趣，萦绕脑际，我们怔怔地站在树影下，好像身入深山古林了。在那枝柯掩映中，一道金黄色的柔光正荡漾着。使我想像到一个披着金绿柔发的仙女，正赤着足，踏着白云，从这里经过的情景。再向西方看，一抹彩霞，正横在那叠翠的峰峦上，如黑点的飞鸦，穿林翩飞，我一缕的愁心真不知如何安排，我要吩咐征鸿把它带回故国吧！无奈它是那样不着迹的去了。

　　我们徘徊在这浓绿深翠的帷幔下，竟忘记前进了。一个身穿和服的中年男人，脚上穿着木屐，"踢踏踢踏"地来了。他向我们打量着，我们为避免他的觑视，只好加快脚步走向前去，经过这一带森林。前面有一条鹅卵石堆成的斜坡路，两旁种着整齐的冬青树，只有肩膀高，一阵阵的青草香，从微风里荡过来，我们慢步的走着，陡觉神气清爽，一尘不染。下了斜坡，面前立着一所小巧的东洋式的茶馆，里面设了几张小矮几和坐褥，两旁列着柜台，红的蜜橘，青的苹果，五色的杂糖，错杂地罗列着。

　　"呀，好眼熟的地方！"我不禁失声地喊了出来。于是潜藏在心底的印象，陡然一幕幕地重映出来，唉！我的心有些抖颤了，我是被一种感怀已往的情绪所激动，我的双眼怔住，胸膈间充塞着悲凉，心弦凄紧地搏动着。自然是回忆到那些曾被流年蹂躏过的往事：

　　"唉！往事，只是不堪回首的往事呢！"我悄悄地独自叹息着。但是我目前仍然有一幅逼真的图画再现出来……

　　一群骄傲于幸福的少女们，她们孕育着玫瑰色的希望，当她们将由学校毕业的那一天，曾随了她们德高望重的教师，带着欢乐的心情，渡过日本海来访蓬莱的名胜。在她们登岸的时候，正是暮春三月樱花乱飞的天气。那些缀锦点翠的花树，都使她们乐游忘倦。她们从天色才黎明，便由东京的旅舍出发，先到上野公园看过樱花的残妆后；又换车到井之头公园来。这时疲倦袭击着她们，非立刻找个地点休息不可。最后她们发现了这个位置清幽的茶馆，便立刻决定进去吃些东西。大家团团围着矮凳坐下，点了两壶龙井茶，和一些奇甜的东洋点心，她们吃着喝着，高声谈笑着，她们真像是才出谷的雏莺：只觉眼前的东西，件件新鲜，处处都富有生趣。当然她们是被搂在幸福之神的怀抱里了。青春的爱娇，活泼快乐的心情，她们是多么可艳羡的人生呢！

　　但是流年把一切都毁坏了！谁能相信今天在这里低徊追怀往事的我，也正是当年幸福者之一呢！哦！流年，残酷的流年呵！它带走了人间的爱娇，它蹂躏英雄的壮志，使我站在这似曾相识的树下，只有咽泪，我有什么办法，使年光倒流呢！

在风吹麦浪里轻舞飞扬

　　唉！这仅仅是九年后的今天。呀,这短短的九年中,我走的是崎岖的世路,我攀缘过陡峭的崖壁,我由死的绝谷里逃命,使我尝着忍受由心头淌血的痛苦,命运要我喝干自己的血汁,如同喝玫瑰酒一般……

　　唉！这一切的刺心回忆,我忍不住流下辛酸的泪滴,连忙离开这容易激动感情的地方吧！我们便向前面野草漫径的小路上走去,忽然听见一阵悲恻的唏嘘声,我仿佛看见张着灰色翅翼的秋神,正躲在那厚密枝叶背后。立时那些枝叶都"窸窸窣窣"地颤抖起来。草底下的秋虫,发出连续的唧唧声,我的心感到一阵阵的凄冷;不敢向前去,找到路旁一张长木凳坐下。我用滞呆的眼光,向那一片阴阴森森的丛林里睁视,当微风分开枝柯时,我望见那小河里潺浮碧水了。水上绉起一层波纹,一只小划子,从波纹上溜过。两个少女摇着桨,低声唱着歌儿。我看到这里,又无端感触起来,觉得喉头梗塞,不知不觉叹道:"故国不堪回首",同时那北海的红漪清波浮现眼前,那些手携情侣的男男女女,恐怕也正摇着画桨,指点着眼前清丽秋景,低语款款吧！况且又是菊茂蟹肥时候,料想长安市上,车水马龙,正不少欢乐的宴聚,这漂泊异国,秋思凄凉的我们当然是无人想起的。不过,我们却深深地眷怀着祖国,渴望得些好消息呢！况且我们又是神经过敏的,揣想到树叶凋落的北平,凄风吹着,冷雨洒着的这些穷苦的同胞,也许正向茫茫的苍天悲诉呢！唉,破碎紊乱的祖国呵！北海的风光不能粉饰你的寒伧！今雨轩的灯红酒绿,不能安慰忧患的人生,深深眷念祖国的我们,这一颗因热望而颤抖的心,最后是被秋风吹冷了。

与你共品
yu ni gong pin

　　庐隐属于中国文坛上英年早逝的一族,享年35岁。她的作品多为小说,大都表现青年的爱情追求和苦闷彷徨,有反封建倾向,从一个角度反映了"五四"时代气息,文笔流利而凄婉。散文作品不多,而这一篇亦能表现其创作风格。

　　庐隐的这篇《异国秋思》是一曲抒写心灵的绝唱,文笔犀利而凄婉。作者的真情在文中自然流露,没有虚构之处,抒写了作者自身的经历及真挚的感情。全文是作者用自己的感情、自己的灵魂,渗透着血和泪写成的,文章用了象征、比喻、对比等手法,寓意深刻,文笔精练。

个性独悟
ge xing du wu

★身在异国的乡愁与其他的乡愁相比，又有怎样的分量？

★作者对青春浪漫的追忆带着怎样的感情？

★"故国不堪回首"是李后主的名句，作者借此传达怎样的情思？

★尝试用自己的语言概括本文的语言风格。

★"一切景语皆情语也"。只要有对生活的无尽感悟，山河日月、沙石草木都能触景生情。尝试追求情景交融的效果，写一段景物描写。

快乐阅读
kuai le yue du

落 叶 / · · · 李萦栋

第一片落叶在窗口悄然飘落，我听见自己有着二十个年轮的心中隐约响起了薄如蝉翼的赛车声。那一刻，我想像着秋天的原野有着莫奈笔下的金黄，那种绚烂。我还拟想暮色渐浓的窗外，秋林的深处，有一座尖塔顶的大庄园，轮廓模糊、温情脉脉地静默着。自己非常喜欢的一本外国小说里的主人公简·爱，踩着一路秋叶，朝着不明的诗意感动，甚至有一分这个年纪的女孩子渴望奇遇的幻想。

许多个秋天在心中日复一日地堆积着落叶。写字台上压着英国米莱司的那幅《落叶》，我大概就像画中那位提着竹篮捡拾满地落叶的少妇。画中站在女人一旁的男孩子手捧一只红苹果，寓意女人从春天走向秋天；而我儿子的出生便是我青春的瓜熟蒂落。

一个秋天的清晨，在梳妆台前端坐的我蓦地发现了镜中那团黑发里耀眼的一根白发,心猛地一紧。虽然只是白发,但我还是想起了李白的"不知明镜里,何处得秋霜"的诗句。再对镜察看,眼角竟也若隐若现地有了细细的皱纹。这时候,阳光经了百叶窗的筛滤,以一种纯金的颜色,斑斑点点地洒了我一身,但还是有薄雾自心底漫起。我已真切地感觉到了微凉的秋意。

我想,那个清晨是一道栅栏。走过去,便有丁香一样芬芳的年华,阳光下躲进身后僻静的深巷。而在前方,延伸着一条飘满秋叶的小径,我将夜夜枕着青春的背景入梦,梦醒时分被清冷潮热的露水打湿双肩。

无法想像生命尽头最后的门槛,它的后面究竟有什么。但我想每一棵临近它的生命之树,都将在最后一刻飘飞最后的一片叶子。

我曾听见最后的叶子坠落的声音,在那间小屋里,木质的老床前,我至亲的外公竭力睁开一双干涸的眼睛,迸发出最后的"噢噢"。然后,他举在空中向亲人求助的手没有任何重量地落下。我听见了生命崩塌和灵魂散架的一声訇响。最后的落叶飘向冥冥世界,归于沉寂。我感觉一种彻骨的痛。天地苍茫,而生命是多么微小,多么脆弱。

一个人行将衰竭的生命是一片落叶,而落叶的触角是深入很多事物的。比如昙花,在子夜烂漫的一瞬走向枯败;比如长虹在辉煌地划过晴空的一刻即将隐退,还有晶莹剔透的雪花,与大地拥吻的一刻,便注定了生命的流失……没有什么力量可以挽回一片落叶,让它重回枝头,鲜绿如初。这是一种流逝,一段自然的过程,生命如斯。

落叶最后深入泥土,化为淤肥,滋养另一个新的生命,这是它自身的延续和超越。由此看落叶,心中就少了几分萧瑟。对人而言,从初生婴儿到耄耋之年,从满头青丝到苍苍白发,可谓时光如飞,少不了感叹、无奈,甚至惧怕,那是出于对生命的挚爱和不舍。知道了这是一种必然,也就多了一份坦然和豁达,并有了惜时如金的态度。认认真真地做人,实实在在地生活,在老之将至的时候,无论多么平凡,都可能修得正果,这是多么大的安慰。

想自己对秋伤怀,这于在三十出头的女人是常情,却大可不必久久黯然。明镜中容颜易退,却也能映出曾经的烟花三月,草长莺飞。纵使长发鼓浪、团酥握雪不再,却也有稚儿绕膝、笑语盈盈的天伦之乐,乃至一份朴素的爱情和倾心耕耘的事业。于是有了释然,就像我曾经填写的那首词:"对明镜,额头忽见横纹隐,横纹隐,青春易逝,秋不初映。花开花谢随天性,情怀独放心花永,心花永,芬芳岁月,笑扬秋径。"

心空朗朗,就有落叶如歌,这该是一种心境。

与你共品
yu ni gong pin

　　落叶，标明着秋天已来到，植物界的生命就要开始新的轮回。本文作者由一片落叶引发了对生命的思考，通过对不同时期对落叶的不同感受，表达出作者对生活的感悟。但作者在感叹生命短暂的同时，并没有沉湎于哀伤之中，而是以一份坦然和豁达接受现实。

个性独悟
ge xing du wu

　　★第一片落叶在窗口悄然飘落，作者想到了什么？
　　★写出作者对生命有独特感受的句子。
　　★你怎样理解"心空朗朗，就有落叶如歌"？
　　★文中"落叶"有何寓意？

快乐阅读
kuai le yue du

感受异乡月 / ···朱大森

　　滇南小镇的中秋，实是宁静、温馨而富有特色的了。大清早，各家各户的"内务总管"都得到集市上去"抢"购花生、核桃、板栗和时鲜的水果，以备节用。你瞧，集市上那股热闹劲儿，让人心动不已，不绝如缕的寒暄声，抑扬顿挫的叫卖声，韵律深含的哈哈声……把个古老的市镇爆炒得沸沸扬扬，平添了十分浓郁的节日气氛。少顷，繁忙与喧闹便被人们切割引进各自的家中，滋生出另一番风景。待到团圆饭时，友的全家便紧急行动起来。燃香的，抬案的，端碟捧盏的,安灯装饰的,自然分工就位,各行其是。案几设在门口的水泥地上或各种态势的阳台上。案几上八九个大碗小碟和袖珍肴盏,佳味杂陈,引人入胜。花生板栗冒着刚出锅的热气,时鲜水果慢悠悠飘着奇香,月饼糕点风姿绰约流光溢彩。友的父亲很具艺术家风格,特将柚子壳一分为二替灯罩上青绿绿、黄澄澄的倩颜,说是不要让灯光抢了月的"饭碗"。天上,"圆魄上寒空",皓月千里,清爽一片;人间,灯光橙色祥和,从柚子壳底漏出暖温,照得人身滑酥甜润。关掉所有电声设备,周遭静谧至极。这时,等得不大耐烦的小弟,便和大人们一道,房前屋后,貌态虔诚地拜起月神来。

邻居的人家,大多仿效友的父亲样,给牵进院场院心或阳台的电灯戴上柚子壳的"绿帽子",有一盏两盏的,有三盏四盏的,没有再多的了,否则,月色会小觑人们对她喧宾夺主而乏敬意。定睛细瞧那"帽儿"边沿上,有刻着"风调雨顺、安居乐业"的,有刻着"政通人和、国泰民富"的,字字清秀,言简意赅。家家户户的小孩拜月之后,便怎么也定不下心来,约会一处,嘻嘻哈哈地去四面八方搜寻节日欢乐去了。随声望去,玉溪大街小巷,阳台走廊,院坝楼前,到处可见一家人一家人围坐一圈,或守在门口,或对坐月下,桌案上一式地摆着果品,心随皓月千里纵,口往天南海北吹。良宵美景城不夜,家家扶得醉人归。

此时,我仿佛觉得自己已经被天真的叽叽喳喳声冲浪般抛向童年的岸上,忽然想起王建的诗句:"中庭地白树栖鸦,冷露无声湿桂花。今夜月明人尽望,不知秋思落谁家?"是呀,在这南疆小镇的友人家,我凝视着一圈圈涟漪的月光,仰着脸,朝着故乡;手抚心,跳跃加快,似乎有两只桨在心海里划动,眼眶的船舷飞溅出颗颗又酸又涩的泪的水花:母亲,您是否还怀着"儿行千里母担忧"的愁肠怨绪,怅然若失地守望着此时的月光呢?

记得儿时,家里的中秋节一直过得简洁而素朴,连最普通的"冰薄芝麻饼",我们七八个兄弟姊妹也只能从母亲的手中各自分享到两三小块。本可一嘴就能吃掉的,还要一小口一小口地慢慢"舔食",甚至会吃到节日以后的第二、三天,谁剩的越多越光荣。其实,只要能有那种节日气氛,有母亲那份关爱,家中无论怎样清贫寡淡,都有一种说不完的温暖甜蜜。情是母爱重,月是故乡明,我此时感受最深。如今,倚母亲怀中撒娇的时光早已成昨,相伴弟兄逗趣嬉戏的日子也"逝者如斯"。拟小诗一首聊相自慰:遥寄一轮秋,天涯隔奈何;漫道相思苦,痛并快乐着。

月上中天,皎洁无比。友的姐情不自禁地讲起小镇乡下中秋的热烈壮观景象,还一边击掌,一边滔滔不绝。我佯装微笑应和。接着,友也问我:"你们那里是怎样过中秋的呀?"我言情表里不一,吐词语无伦次。因为故乡的中秋向来清淡如水,说不上隽永绵长,加上我辈"少年不识愁滋味"地瞎忙乱跑,哪里读得懂父亲母亲孤独守家、总是收获失望的情节啊?

握别友人一家,我行在"梧桐一落叶,天下尽知秋"的街道的意境里。玉溪小镇被节日的盛装扮得百态婉约。我不敢举头望明月,急忙躲进单元房,想做点什么。忽然,我发现案头的琴盒。我轻轻打开它,取出胡琴,抖开弓毛,将无尽相思写进《妈妈的小诗》这首歌里。不知不觉中,我依稀成了母亲头上的一根白发,成了飘飞向母亲手中的一纸奖状,成了母亲履历表上的一串足印……噢!母亲,您等着,下个中秋,我一定让您首次收获到开心的故事。

我用琴声祝福您,寄月光想念您哟,母亲,您等着。

与你共品
yu ni gong pin

"但愿人长久,千里共婵娟",中秋之夜,怎能不勾起远在他乡异地的游子对亲人的思念呢?作者在文中通过"我"在他乡友人家过中秋的所见所闻所感,表达了自己对亲人、尤其对母亲的思念之情。

个性独悟
ge xing du wu

★第一段中的"内务总管"应如何理解?"友的父亲很具艺术家风格"体现在何处?

★作者为何详写"帽檐"上刻的一些字?

★面对友人的提问,"我"为何显得言情表里不一,吐词语无伦次?

★请举出几个关于月的诗句或词句,至少三句。

快乐阅读
kuai le yue du

月是乡村明 / ···许进生

月是乡村的风景。

你说。

真的,乡村的月很白很圆,就像一个醇厚的梦。你小小的陋室如积水空明,屋外的树枝投影入户,如随波交横的藻荇。你我临窗望月,思接千载,心驰八荒。许多吟哦明月的诗词曲赋都涌上心头。天籁之音如风。是响在天际还是耳畔难辨分明。悠悠时空,绵绵岁月。因为一轮明月当空,仿佛就是窗外山水的凝固和浓缩。

夜的深处,田园朦胧,村舍隐约,山影憧憧,水光溶溶,萤火点点,烛灯盏盏……一幅深幽空阔安详静穆的水墨画卷。

月就是戳盖在这幅画卷上的新亮印章。

多美的夜啊!我陶醉在月营造的境界,就要融入画中了,成为一团色彩,竟忘了自己来的使命。

月华柔和清凉,沁透我的肌肤,流入我的血脉,逸我满心的芬芳。

你说:如果没有月,夜能这么恬适?如果没有月,夜能这么富有灵性?月是美的,但没有寂静的山水映衬,清辉就会黯然失色;没有澹远的夜空作为背景,皎洁就难突现。月和乡村浑然一体。

说这话的时候我看见你周身泛动月晕。

我知道都市的霓虹彩灯中难寻月的面容,都市的喧嚣嘈杂声里难觅这般诗意的夜。我也知道月孤寂清寒不会有辉煌,因为月的光泽源自太阳的照耀。这是常识。

但你说,世上万物都是自然的造化,都有自己存在的空间和运行的轨道,得其所就和谐,和谐就能焕发自身蕴蓄的美;而错位了,乱序了,本色就会湮灭,就只能显露丑陋。月何必要争辉煌,月的神韵风采就在"静"中涵纳和舒放。选择就是放弃,有所得就有所失,月与人都如此。

你是离不开这小小的陋室了,这偏远乡村的水和空气把你滋养得明净玉洁,像月一样。

我觉悟到,我来是一个美丽的错误。我的心被月光澄清了,就理解你了。人重要的是认识自己。我把月光收藏,也把对你的祝福挂在心上,今晚,我又一次地念起你:窗外的月依旧那样皎好吗？多少年了,你守着那方天地,耕耘播种,已是桃李满天下了,常常让我心生羡慕。

普天之下月儿无数,可莹清明洁的月就数乡村了。

月是乡村的魂魄呵。

与你共品

文章紧紧抓住"月",运用细腻的笔触、清新的语言,把一幅明亮、纯洁、清幽、宁静的乡村月夜图呈现在读者面前:月下万籁俱寂,月下景色朦胧,月下柔和清凉。月因夜而妩媚,夜因月而增辉,人因月夜而陶醉。月和乡村浑然一体,呈现给读者好一幅美丽的乡村月夜图！

个性独悟

★用一句话概括虚化的故事情节。

★举例说明作者调动了哪些感官来写月下美景。

★品析文章第十二段在全文中的作用。

★本文在叙事、写法上有什么特色？

在风吹麦浪里轻舞飞扬

快乐阅读
kuai le yue du

落 叶 /·· 陶 然

　　那天穿过维多利亚公园,偶然发现地上躺着一片落叶,无端触起了我的思绪。

　　那是一片绿意依旧盎然的嫩叶。它掉落在盛夏的早晨,一个并不是到了应该离开枝头的时刻;想必是非常的外力,迫它过早地飘零,我不禁为它的命运而叹息。此刻,它的那些同伴们,正簇拥着闪亮的青春,在朝阳下哗啦啦地欢唱,衬托出它的软弱与不幸。

　　孤零零的落伍,毕竟有着不合群的嫌疑,这片落叶的早逝,突出了自己的与众不同。而且,偌大的土地上,只沦落了那么一片生命仍然强壮的叶子,难免有些刺眼;难道这竟是生活中的一种讽刺?

　　落叶并不值得惊异,那只不过是自然现象。但是,当它与秋天联系起来,才会让人感到合理。只是,秋天的落叶,不能仅是孤寂的一片,而是早就褪去了绿的颜色、完全变成枯黄的叶海。当秋风吹过,那些轻飘飘的叶子,便在带着凉意的小径上飞跑。

　　但香港的落叶,我总觉得不够壮观;在北方,秋天才叫气派万千呢!那时,当我自习完毕,踏着月色,从学校图书馆走回宿舍时,那二十来分钟的路程,每一步踩下去,满耳都是清脆的爆裂声。我知道,那是夹道树木的落叶,趁着夜幕,悄悄地铺了一地。

　　最叫我难忘的,还是乌鲁木齐的落叶。十年前深秋的一个黄昏,我和朋友坐在西郊公园的绿色长椅上,发黄的梧桐树叶盖满了大地,并且继续不断地飘落。盖在我们头上的浓荫似乎越来越单薄,连脚也都给落叶埋了半截;放眼望去,枯叶的海洋连绵不绝,在风的袭击下,微微掀起震颤的波浪,却不曾到处飞遁。十米开外,一位包着蓝色头巾的中年妇女,正用双手握着扫帚,吃力地清除那厚厚的几层黄叶。

　　我们默然无语,在金色的夕阳下,我只觉得,只有那沙沙的扫地声,才有资格对着这秋天独奏。

　　真的,北方的落叶是粗犷的苍劲,而南方的海岛的落叶,大约只有纤细的温情;秋天即使不分南北地叫树木凋零,但那气氛,始终都不曾相同。

与你共品
yu ni gong pin

落叶并不值得惊异,那只不过是自然现象。作者把北方落叶的粗犷苍劲,南方落叶的纤细温情,描述得如此细致,实为难得。

个性独悟
ge xing du wu

★ 第五段中描写的是香港的落叶,还是北方的落叶?

★ "在风的袭击下,微微掀起震颤的波浪,却不曾到处飞遁。"与前文哪一句话相照应?

★ "秋天即使不分南北地叫树木凋零,但那气氛,始终不曾相同"你认为不同点是什么?

★ "我只觉得,只有那沙沙的扫地声,才有资格对着这秋天独奏。"这句话表明了"我"怎样的态度?

作文链接
zuo wen lian jie

秋之色／ ·· 李梦娜

　　飘悠悠,飘悠悠,秋叶落了,秋天的脚步声响起了。

　　秋天,到底是什么颜色的?秋风溜进窗户,掠过我的双颊,我感到了秋风送爽的滋味。读着欧阳修的《秋声赋》,是那么肃杀悲凉,而毛泽东笔下"不似春光胜似春光"的秋色,又是那么迷人。秋啊!你到底是什么模样?带着一串风铃般的问题,我出了家门。

　　田野里,向前望去,稻谷悄悄地成熟了,黄澄澄,金灿灿的,眼前、近处、远处,一大片一大片满是的。稻浪翻起浪花,欢笑着,一层翻着一层涌向远方。虽说都是属于黄颜色,但也有不同:近处的呈鲜黄色,远一点的呈金黄色,再远的呈昏黄色,茫茫的与天相接。哦!秋天是金黄色的。

　　棉花地里,茫茫一片白花,天地交界之处,分不出哪是棉花,哪是白云。棉花到处都是:天上飘着,地上长着,湖里映着。一个身穿白围裙的农民伯伯正喜滋滋地收着棉花,面对着好收成,他的脸上仿佛也绽开了两朵花。哦!秋天是白色的。

　　走着看着,不知不觉进到了果园里。田野里的苹果树上,挂满了沉甸甸的果实,压得枝头弯下了腰。鲜红鲜红的苹果娃娃,盼望着人们把它摘下来,拿在手里抚摸它。那边的一片石榴树,树上开满了火红的花。不!那不是花,而是已经长得熟透的石榴。它们有的张着一条一条娇艳的小口,露出满腹玛瑙似的水红色子儿,逗引着过往的人们。真可谓春天繁花烂漫,秋熟果树殷红。哦!秋天是红色的。果园另一头,有一片葡萄架,满架都是令人垂涎欲滴的葡萄。水灵灵的果实,红得发紫,紫得发黑,好像一串一串的紫水晶挂在竹架上,闪烁着灿烂的光芒。哦!秋天是紫色的。

　　公园里,长满了松柏。它们四季呈绿,暗绿色变为发光的翡翠。枝头上的叶,还那么绿,没有因为秋风而改变叶的颜色。它们像卫士一样守护着人们,让人们恬静地生活。那边,淡绿涟漪的秋湖,映着青翠的山、塔亭和天。这一切映在湖里,也转为绿色,让人置身于绿的世界里。哦!秋天是绿色的。

　　我来到花坛边。花坛里开着白色的、黄色的、蓝紫色的花儿,五彩缤纷,绚丽夺目。我诧异了:原来秋天与春天相同,是万紫千红,璀璨鲜艳的。哦! 秋天是多彩的。

　　簌簌地,树上又落下几片枯叶,旋转着落在地上。我抬起一片落叶,明白这不是真正的秋天,秋天是富有生命力的,它比春天丰富充实。或许,在我心目中,它会比春天更美丽!

简 评
jian　　　ping

　　《秋之色》以欢快的笔调描绘出秋韵的五彩身姿。在描写时,选择了几个场景:田野的稻浪、白云般的棉花地、果园里熟透的水果、公园里的松柏、花坛边的花儿及路边的树叶。采用的是移步换景法,好像带着读者在漫步观赏。

秋 / ··· 桂志强

　　9月上旬的一天傍晚,我漫步来到北大未名湖畔。

　　虽然立秋已经一个月了,这里仍然生机盎然,丝毫没有秋的感觉。湖岸上绿柳成行,随风拂动。环湖的小土丘上也是绿阴森森。轻风掠过水面,荡起一层层碧波,在阳光下金光闪烁,如点点金星撒在湖中。东面那灰色的水塔,倒映水中,随着水波微微晃动,真是山清水秀,塔映波光。这时,淡蓝的天空中飘来几缕淡淡的云丝,我不禁想起宋朝范仲淹写的名句"碧云天,黄花地,秋色连波,波上寒烟翠。山映斜阳天接水,芳草无情,更在斜阳外"。这一曲《苏幕遮》也是写秋景的,只是字里行间隐隐有一种伤秋之意,而我今天所见却是一片碧色,毫无衰败的景象。

　　随后,我爬上了"临湖轩"旁的一座小土丘。这里有一处十分清新幽静的地方,我经常来这儿。我喜欢这里,尤其是那一片碧草、几簇山花和四周那几棵挺拔的翠柏苍松。

在风吹麦浪里轻舞飞扬

回到家中,我提笔填了一曲《苏幕遮》:"叶为天,苔铺地,早秋颜色,翠色连天际。落日余辉使人忆,秋风飒爽,山水常青碧。"

夜里,我躺在床上,忽听窗外响起了淅淅沥沥的声音,原来是下雨了。这是入秋以来的第一场雨。我猛地想起了小土丘上的那一片碧草,那几簇山花。它们能经得住这一场秋雨吗?会不会来一个"风吹碧草,雨打残花"呢?不,我不希望。

第二天早晨,我急匆匆来到了小土丘。眼前的景色是那样的美:松树,还是那样的高傲、挺拔,抖动着它那苍劲有力的臂膀;柏树,还是那样的苍翠、碧绿,迎接着初升的朝阳;小草,它那小小的叶子,还是那么绿、那么嫩,上面沾着晶莹的雨珠;山花,它那红色的、黄色的、白色的或是淡蓝色的花瓣,依然是那么美、那么艳,沾着初秋的雨露。

啊,好一派"早秋颜色,翠色连天际"。

【简 评】

本文以行踪为线索,绘声绘色地描绘了北京大学未名湖畔生机盎然的秋天的景象,抒发了作者热爱秋天的美好情感。作者着眼于秋天的碧绿:湖岸上绿柳成行;环湖的小土丘上绿阴森森;轻风掠过水面,荡起一层层碧波……特别是秋雨过后,松、柏更加苍劲有力……山花,各色各样,美艳依然。文章立意新颖,思想内容深刻,耐人寻味,发人深省。全文字里行间充满了对秋的喜爱之情。一曲自填的《苏幕遮》与宋朝范仲淹的《苏幕遮》,两种感情形成了鲜明对比,更突出了作者对秋的喜爱。语言优美、精练、含蓄,引用古人诗句恰到好处。结构严密,结尾的议论、抒情,点明了中心思想。

秋的三种味道 / ··· 赵 天

秋天又如期而至了,谁也挡不住,虽不至于"秋风又黄江南岸",但树上的叶子又一次不情愿地簌簌飘落，在空中一圈圈地打着旋儿，画着优美的弧线，悠悠地落在地上，像地上蝴蝶。"庄生晓梦迷蝴蝶"，不知道他迷的是何种蝴蝶。但可以肯定他迷的不会是这种蝴蝶，而我则非常着迷这种蝴蝶，房间里贴满了各种各样的树叶，令母亲大光其火，但仍阻止不了我对"叶蝴蝶"的偏爱，因为透过它嗅到了秋的味道。

秋是有味道的，如若不信，那就请你停下匆忙的脚步，放下手中正在忙着的活计，静下心来，闭上眼睛，轻轻地嗅一嗅这树叶，你自然就会明白。

首先，你嗅到的是香味。树叶飘在一个金黄的季节，身上自然就染透了果实的香味；树叶飘零在丹桂飘香的季节，身上自然就携带有那沁人心脾的桂花香味；树叶飘零在草木成熟的季节，身上自然就熏染了草木的香味……这香味固然香得浓郁，但它却是今年的最后一道自然之香了……

然后，你嗅到的是"愁味"，"一叶落而知天下秋"，万叶落则知天下尽秋，随后而来的便是那秋风秋雨。"秋风秋雨愁煞人"，"愁"字是古人识得秋天的第一种味道。"少年不识愁滋味，爱上层楼，爱上层楼，为赋新词强说愁，而今识尽愁滋味，欲说还休，欲说还休，却道天凉好个秋。"一个"愁"字，便把辛弃疾秋天的心境说了个透彻，辛弃疾到底愁什么？不能说没有儿女情长，但最主要的还是那报国无门的苦恼。全词并未提到这一点，只是轻声批驳自己的年少无知，提醒自己以后警醒一点。但时光荏苒，辛弃疾的心情，我们再难体验，但倘若在秋天里没有愁的感觉，那就有点儿不配做一个性情丰富的少年了。

你还会嗅到这落叶的"悲味"，落叶的背后将是草木的凋零，千万个生命的结束，所以"肃杀"是古人形容秋天时最常用的字眼，"悲情"则是古人体验秋天的"情感主旋律"。"悲秋"，悲得最哀伤凄绝的莫过于欧阳文忠公的《秋声赋》了："闻有声自西南来者，悚然而听之!"我惊异地发现这与我的体验是何等的相同，不同之处只在于，他是惊异万分，我是激动万分；他是初次听到，我是多么感怀；他遇到的是初来乍到的新友，我等待的则是一位久别的旧朋。"呜呼哀哉!"他悲的是自己已如秋之草木，再经不起风雨的吹打；他更悲的是自己仕途坎坷，再也不能"上为君，下为民"做事了；他最悲的是茫然四顾，竟找不到一位知己老友倾吐他满心的不快，只得对身边的童子诉说，竟然连童子也睡着了。这寂寞只有对那满眼、满耳、满心的秋风、秋声、秋色、秋味倾吐!"知音少，弦断何人听?"岳飞遥远的回音，他听到了吗？而我面对如期而至的秋的第一感受，悲情固然难免，但更多的则是：秋

在风吹麦浪里轻舞飞扬

天来了，春天还会远吗？

　　"香、愁、悲"是秋天最浓烈的味道，虽不免有消极悲凉的滋味，但却是秋天最正宗的味道，你细心体验过吗？

【简　评】

　　作者对秋的三种味道："香、愁、悲"的品味，都通过"嗅"字表达。"香味"，有果实的香味；"愁味"，秋风秋雨愁煞人；"悲味"，是草木的凋零。整篇文章感情融入较好，层次清楚，对诗词掌握较好，语言、文字功底深。

冬殇

 四

 季

卷

冬天可以冻住土地，却冻不住生命。

当她沉睡时

他正走在溶雪的小·路上

渴念着旧日的

星群　并且在

冰块互相撞击的河流前

轻声地

呼唤着她的名字

而在南国的夜里

一切是如常的沉寂

除了几瓣疲倦的花瓣

因风

落在她的窗前

快乐阅读
kuai le yue du

冬 /··· 郑伯奇

　　一到冬天,我便会发生一种奇异的感觉——不,与其说是感觉,毋宁说是一种感想。

　　当然,这种感觉,并不是平常所说的触类旁通之类。也不是艺术家所喜欢说的什么第六感、第七感。

　　它没有那样直接——并且他没有那样零碎。

　　也许可以说是感觉——感官的合奏曲罢。

　　无论是在都会或者是在乡村,无论是在重楼巨厦的繁华大道,或在矮屋低檐的贫民区域,一到冬天,我便有一种特别的感觉。

　　一到冬天,我只感觉到没落、衰颓和说不出的凄凉,一到冬天,我便感觉到一种末日的到来。

　　这种感觉像鬼气一般侵进了我的肌肤!

　　但是,我应该忠实地附加着说明,这种感觉,是回到中国以后我才更迫切地感觉到。

　　三四年前,我还在外国放浪着。而且,这一国家的环境,对我们是特别冷酷难堪。那时候,到了冬天,我感觉到浑身的汗窍都被寒风吹透!一片一片的雪花都吹进我的心底。我感觉到说不出的寒冷和寂寞。我迫切需要一种人间温暖来温暖我这僵死了的躯壳和灵魂——朋友,恕我用了这样一个古董的名词。

　　然而,奇怪得很,没落和衰颓却永远没有袭击过我的感官!经过长期的悬想,我才回到了"祖国"的怀抱中,但是我的感官反起了大大的变化。

祖国的怀抱中，并不是温暖可亲的。尤其是一到冬天，引起了我的说不出的萧条的感觉。

我曾去过四季常绿的南国，我曾去过风木萧索的北方，它们所给我感觉到的冬天，都一样是不可挡的冷落和萧条。

就是在上海罢。我也常在南京路、四川路等繁荣大道上徘徊。满街上，固然不少轻裘盛妆的青年男女在熙熙攘攘地来往，然而，支配着的情调，依然是没落和荒凉。

"像沙漠一样"，俄国的盲诗人曾经这样形容过中国。沙漠的严冬，你想，血气旺盛的人们怎样能够忍受？

所以，一到冬天，无论在什么环境中，中国所给我的，只是肃杀冷酷的情调。

中国所给我的印象——除过潜伏着正在生长的半面以外——都是隆冬的气象。

古人说"冬眠"，中国是仍在伟大的睡眠里吗？

不是！绝对不是！

现在的中国——数千年来演进到如今的旧的中国，和在娘胎中就被宣告夭折了的所谓"新的中国"都加速度地奔向崩溃没落的道路去。中国的一切——除过掩在浮云里面的一线光明之外——都现出丑陋和不快的死的面容。

假使对于一线光明的未来没有憧憬的心情，谁还能不堕落在世纪末的悲哀的泥沼里？

在平常，春天，夏天乃至秋天，这种感觉比较还不甚强。大约，主观的生命力还不可以抵抗这种冷酷的刺激，而客观的自然也还有相当的蔽掩。可是，到了冬天，自然也赤裸裸地露出了本来的面目，直接地刺伤着我们微弱的生命力。

衰颓没落的感觉，便这样地，像鬼气一般，刺进了我们的肌肤，刺伤我们微弱的生命！啊！冬！衰颓的冬！没落的冬！

一到冬天，便使我们感觉没落和崩溃的凄惨。

但是，以前人，也和我们抱着同样的感觉吗？

不！决不！

他们的宇宙，他们的社会，他们的生活，都和我们两样。因之他们的感觉也和我们决不相同。

冬

殇

试一展读古人所做的诗,试一展阅古人所绘的画,我们立刻可以发现和我们完全相反的感觉。

他们歌咏着温暖和休息,他们描画出团圆的乐趣。冬天,对他们比之秋夏,是更可亲的季节。

他们可以休息,他们可以团圆,他们可以做着白日的好梦,他们准备在饮屠苏酒。

现在的我们却不然了。我们只觉得冷酷的肃杀的冬天,但是春天也许就在后头跟着来的!

与你共品

yu ni gong pin

本文写冬,名为写景,实为抒情。作者用欲扬先抑的手法,渲染冬没落衰颓的气氛,通过记叙经历冬天的亲身感受,把满腔的惆怅暗含在字里行间,然结尾一句"春天也许就在后头跟来的"又分明能感受到作者对冬无限的期望,作者的忧愁之心也由此可见。

个性独悟

ge xing du wu

★"这种感觉像鬼气一般侵进了我的肌肤"这句话两次出现在文章中起什么作用?

★读完全文,试推想,在中国的冬天人们缺乏的可能是什么?

★全文能体现作者在冬天的思想感情的语句很多,试选择你感触最深的词、句,作简要分析。

★文章结尾处写中国古人对冬天的感受,在文中起什么作用?"春天也许就在后头跟着来的!"表达了作者什么愿望?

冬 天 / ···田香儒

如果说春可爱、夏可亲、秋可歌,那么,冬是可敬的。

冬是蕴蓄生命的季节。没有冬藏,何来的春生、夏长、秋收?鲜花何以越开越灿烂?世界何以越来越精彩?

冬是思考生命的季节。在经历了春的狂想、夏的浮躁、秋的失落之后,我们的灵魂进入了冬的安宁寓所。在冬的冷静中对生命的历程进行整理,而后重新站起,焕发出新的生机,走向生命的新春。

冬是最真实的季节。冬天,一切的繁华退去,大地呈现出少有的静谧与空旷,袒露出原始的肌肤……冬天给人以谢幕般的那种感受,比寒冷本身更残酷。

冬天来了,春天还会远吗?此言极是。然而,此一春绝非彼一春。在我的心境里,四季不是简单地反复,而是螺旋地递进。我们告别一个春天,在我们的生命里就减少了一个春天,然而,后来的春却一个比一个充实成熟起来。也就是说,冬天进入到我们生命中来,预示着连着一个春天的四个季节到此结束,生命的这一轮该谢幕了,下一轮的演出也即将开始,而且是更精彩的开始……

不是么?当万物经过春的生长、夏的纷争、秋的得失,是冬天收束了一切的喜怒哀乐,抚揽了所有的兴衰荣枯,这需要怎样的胸襟!那谢幕不是冷漠的消退而是冬的豁达。冬天收藏了秋天,并没有把它埋葬,而是在艰辛中孕育着一个新的来年——撬开坚冰,你会看到安闲的鱼儿,如果不是冬的佑护,怎会有鱼儿在春波涨绿时的嬉戏;掘开冻土,你会发现稚嫩的根芽,如果不是冬的养育,怎会有百花在杨柳春风时的竞放。冬,藏秋实而育春华;冬,万物之终归,生命之肇始。

是的,冬天可以冻住土地,却冻不住生命。冬天的严峻冷酷,只是对那些怯懦的灵魂和猥琐的生命,而对坚韧的意志和顽强的精神,却给予无私的历练。

在最冷最冷的天气,我曾用最冷最冷的水洗脸洗头,那种在冷酷中得到的快感只能体验,无法言喻。我还曾独自在雪野里行走。四周没有一个人影,没有一点声音,只有我的脚下,雪被踩时发出微弱的声音。我毫无目的,在雪的茫茫的原野,就这么一直地走着,我不知道我会走到哪里,我想我会走到岁月中去。

与你共品
yu ni gong pin

　　本文开篇"冬天是可敬的",如文章的灵魂既表达了作者对冬天的敬佩,又牵引读者正视冬天。冬天是蕴藏生命的季节,是思考的季节,是真实的季节,是豁达的季节,是历练精神的季节。

个性独悟
ge xing du wu

　　★从文中摘抄至少三个表达对冬天情感的词语并做简要分析。
　　★读完全文后你认为冬天可敬的缘由是什么?
　　★请你根据自己的生活体验,用简洁明了的语言,给冬一个忠实的评价。

快乐阅读
kuai le yue du

冬天素描 / · · · 王小军

　　当霜冻慢慢凝结,当逐渐厚重的白色覆盖屋顶,瓦楞上一层一层的细节大多被省略,一切由复杂变为简单,由纷繁变为概括时,冬天来了,冬天像封面般的装订四季。

从西北吹来的季风很直率,义无反顾地往你的袖口里、领口里钻,你刚出门上路就扎脸了。你的耳边没有了春风绵绵细语般的絮叨,而深切地感受到彻骨和切肤的寒意和畅快。一片枯叶掉落,你猛抬头,发现所有的树都脱尽了叶子。树枝没有了树叶的装扮,格外清朗和坚实,交错的枝干成了树的真实内容,北风中翩翩摇曳,简洁而精干。

冬天来得不知不觉。当秋收的农民一边把稻谷收进粮仓,一边刚把麦种播进土地,冬天就悄无声息地过来收拾一切了。田埂上的杂草干净了,田垄里也没有了庄稼和植物的装饰外套,田垄与田垄之间除却了琐碎的细枝末节,尽现眼前的是优美的曲线。田垄的尽头,地平线清晰又辽阔。冬天把真实和本色还给自然。大地敞开胸膛,毫不遮掩地袒露出实在和坚硬的土壤。

是冬天就有雪,否则就没有真正意义上的冬天。尽管"厄尔尼诺"现象一次又一次地使地球逐步变暖,但总有一两场雪能越过长江,到达南岸。当一些天大雾不散,接下来就纷纷扬扬地飘雪了。江南人对待雪的心情是很热烈的。虽然也会泥泞,但总有那么多人在纷纷飞速出门,游园,踏雪,随便找一个地方,就是平时难得的留影景点了。这个时候,最无赖的是孩子,他们跑呀、奔呀、打呀、追呀,一刻不停息,就像乡野的小狗,毫无忌惮地玩着,耍着,哪怕是满脸的汗、浑身的雪……这时,麻雀却在悄悄地觅食。麻雀是冷静的,因为所有蛰伏在雪地里的生命都在准备着来年的梦想。

冬天就是这样,没有太多的包装和掩饰,一切都真真实实,直白与自然。冬天是北风中树的枝干,冬天是一览无遗的旷野。

在冬天,该消亡的消亡,该孕育的孕育。

与你共品
yu ni gong pin

　　文章紧扣"素描"一词,用白描的手法来描写冬天,但全文并不因为素描而使文章失去清晰的线条。作者一一将冬天的总貌,冬天的直率,冬天的特色,冬雪的可爱以及冬天激发的情感都循序渐进地呈现在读者面前。

个性独悟
ge xing du wu

★通读全文，举出文中能体现冬天特色的描写句。

★读第三自然段中"当秋收的农民一边把稻谷收进粮仓，一边刚把麦种播进土地，冬天就悄无声息地过来收拾一切了"这句话在本段中起什么作用？

★"江南人对待雪的心情是很热烈的"一句中"热烈"表现了江南人对待冬天的什么情感？

★读"这个时候，最无赖的是孩子，他们跑呀、奔呀、打呀、追呀，一刻不停息"，说说这个句式的特征及其在文中的作用。

快乐阅读
kuai le yue du

冬殇/··· 尚玮珉

一

落叶奏响了冬之序曲。于是冬轰轰烈烈而来，铺天盖地而来。

娇艳的月季花未谢先萎；树丫柔嫩的肌肤变得干涩；欢快的鸟儿开始为生计发愁……一切都镶上了冬的色彩，一切都烙上了冬的痕迹。

青纱帐被冬收拾得无影无踪。原野是一味的辽远，一味的空旷。你站在原野，最突出的感觉是自己的渺小，渺小得几乎不存在。

万物在冬的面前臣服，而瘦削的菊率先发起抗争，她如大提琴奏出的低沉而奋进的音符，在轰鸣的冬之曲中显得那样执著，那样坚定。

冬愤怒了。他想主宰世界，并高傲地自信：最终胜利属于自己。

<h2 style="text-align:center">二</h2>

放纵的风在原野飞驰,无情的雪在空中狂舞。树丫可怜地摇摆着,电线剧烈地呻吟着,雪雾疯狂地翻滚着……

冬在宣泄自己的威严,冬在扫荡敌对的力量。菊一败涂地,死于风雪之下,低沉而奋进的抗争旋律戛然而止。腊梅与雪莲却揭竿而起,继大提琴奏出小号高亢而激扬的旋律。

风停雪止,原野死一般沉寂,一切被白色所覆盖,这是冬最得意的杰作,最潇洒的一着。此时,茫茫雪原的气概不是比大漠雄风更冷峻吗?

然而,当腊梅与雪莲高擎太阳的火把将冬雪焚烧,冬的威严冬的潇洒冬的博大荡然无存,如丧家之犬发出痛苦的哀号。腊梅与雪莲傲然挺立,竖起与冬对峙的大纛。

<h2 style="text-align:center">三</h2>

与冬为敌的队伍越来越大。冬一次又一次惨败。

树丫把浑身的劲头凝聚在芽上,展示出青春的骄傲;弱小的野草昂起了头,面对冬毫不示弱;菊的儿子从冻土中钻出来,注视着狼狈不堪低头不语的冬很开心……

一向滥施淫威的冬如今孤立无援,绝望的泪水打湿了土地。他回顾自己辉煌的历史,回顾自己设想征服世界的宏图,回顾万物在他面前服帖的样子——那时他是那样的得意,那样的无所顾忌。这一切都成了遥远的过去。

面对挑战,冬流下最后一滴眼泪,不战而死,化作一缕青烟融入阳光之中。

冬死了。春说:冬应该多一份温柔;夏说:冬应该多一份热烈;秋说:冬应该多一份诚实。

与你共品
yu ni gong pin

本文是一首散文诗。散文诗是介于诗和散文之间的一种文学体裁,是散文化了的诗,是诗化的散文。其特点是:篇幅短小,概括力强,有诗的意境,语言精练,但不受字、句、分行、押韵的限制,便于抒发感情。

殇,原意是指未成年就死去。作者在文中为冬唱着挽歌,他不是为冬的逝去感到惋惜,而是在这逝去中让人领悟到一番哲理。

冬是强大的,它滥施淫威,似乎想毁灭世上的一切,从而征服整个的世界。然而,生活中总有一些不畏强暴的勇士、侠客,它们与冬顽强地对峙着、拼搏着,最终成为伟大的胜利者。在对冬的"哀悼"中,我们是不会忘记这些英雄们的。

线索是结构的核心。本文以冬的降临、逞威到死亡为文章发展的过程,伴随这一过程的是花、树、草与冬的搏斗,而最终以冬的死亡而结束,它象征着那些貌似强大者的必然结果。

个性独悟
ge xing du wu

★文中的第一、二、三段之间是按什么顺序排列?

★三段文字中洋溢着一个主旋律,是什么主旋律?

★作者用比喻的手法来写菊、腊梅、雪莲的反抗,是怎么写的,有什么作用?

★本文告诉我们一个什么道理?

快乐阅读
kuai le yue du

冬日里的小鸟驿站/···斯 蔚

汉斯先生是个大老板,虽然他为人刻薄冷酷,蛮横无情,可很多人为了工作,也不得不巴结他、讨好他、忍受他。

有一年春天,汉斯先生和秘书去斯图加特谈生意。这个城市依山而建,四通八达的高速公路连接着一个个小镇。

这些乡镇的人们在村镇的僻静处为鸟儿建起的一个个小鸟驿站——下面有一根结实的原木,顶上是个类似鸽子屋的小木头房子,向阳那面开着一个小圆洞。冬天来临,人们在木头房子里铺上厚厚的干草,放一些食品和水,好让那些飞去南方的小鸟有个歇脚的地方,或者干脆让那些来不及迁徙的鸟儿舒舒服服住上一冬。

不过,汉斯先生并没有在意那些小鸟驿站,倒是恬静的乡野风情让他心生向往,于是对秘书说:"我要在这里买块地,建一座豪华的乡间别墅。"

汉斯先生的秘书很快便为他买下了一块地皮。附近山坡上有一幢年久的老教堂,已被改成了小学,小镇的孩子大都在这里念书。现在汉斯先生买下这里,要建气派的别墅。至于孩子们今后要搬去哪里上学,他才不关心呢!

拆掉学校的前几天,有个自称是小学校长的女人找到汉斯先生,对他说:"请您一定保留下那两个小鸟驿站,那是孩子们特意给小鸟准备的。"汉斯先生依稀记得那两个怪模怪样的东西,他对小鸟驿站一点兴趣都没有,不过这个相貌平平的女校长,眉眼里倒是有种坚毅的神情。于是转念暗暗思忖:如果不权且答应,她肯定还会纠缠不休。于是,他便敷衍着答应保留那两个小鸟驿站。

几个月后,汉斯先生的乡村别墅竣工了,别墅周围还修了一圈木栅栏,挂着醒目的标牌,上面写着"私人领地,严禁进入"。

冬天来临时,汉斯先生来到了他的乡间别墅,享受乡村生活的静谧惬意。一场大雪后的清晨,他发现雪地上有几行小脚印,从栅栏外延至别墅门口小鸟驿站旁。汉斯先生好奇地朝小鸟驿站的圆洞门里看了看,只见里面新铺了干草,一摸感觉软软的。

四

冬蝻

又过去一夜，雪地上还是有直奔小鸟驿站方向的新脚印。不过这次是在里面放了一碟磨碎的燕麦和玉米粉，大概那个放鸟食的孩子没注意，不小心在外面的地上也撒了这些杂碎。汉斯先生一瞧就气坏了：这帮没教养的小坏蛋打算干吗？他们以为这是随便出入的菜园门吗？昨天是干草，今天是燕麦玉米粉，明天就会是鸟毛鸟粪，这还是我的豪华别墅吗？

翌日清晨，汉斯先生找了把斧子，径直朝外面的小鸟驿站奔去，还有什么比彻底清除更一了百了的好办法呢？

临近小鸟驿站时，汉斯先生忽然听见里面有微弱的鸟声；再慢慢往里瞧，里面不知什么时候住进了两只小鸟，它们大概饿了，正兴致勃勃地啄抢着食物。看着探头探脑的汉斯先生，它们并不惊慌害怕，因为这是它们熟悉的小鸟驿站，它们早已习惯了小镇人特别的呵护和关爱。

汉斯先生和两只小鸟很近很近地对视着，他心里滋生出一种不曾有过的奇妙的温存。这种感觉似乎很久以前有过，那时他还是个孩子，从母亲身上感到过这种温存。

一转身，汉斯先生看到栅栏外面站着几个孩子，都张大眼睛惊恐地瞪着他手里的斧子。这倒提醒了汉斯先生，他记起自己要干什么了。可现在面对这些孩子和两只小鸟，他下不了手。犹豫中，他很不自在地掂了掂斧子，然后干咳了几下，解嘲似的冲孩子们说："呃……我、我正打算把栅栏砍了，我可不想看你们翻来翻去地摔断了胳膊。"

孩子们的小脸冻得红红的，但他们绽开的笑容却如春天般灿烂。其中有个胆大的孩子问："先生，您是不是说我们可以每天来看小鸟？"汉斯先生没吭声，只是生硬地点了点头。他在心里想：真是怪了，为什么答应毛孩子们每天来看小鸟？他们会比小鸟更烦人。他意识到自己其实是心软了，虽然说不清是因为小鸟还是孩子，但心软的感觉真好。

冬天过去，小鸟驿站又空了。汉斯先生也预备回城。刚来的时候他可算得上是孤家寡人，如今离开小镇的时候，小镇的大人、孩子，甚至猫、狗之类的，竟尾随了一大堆儿。仔细想想，他也没有做什么啊，不就是跟那些去小鸟驿站照看鸟儿的孩子们有了点交情，难道就是因为这改变了人们对他的看法？

返回城里的汉斯先生看上去似乎跟从前没有多少区别，他依旧神情严肃，喜欢大声说话。而他的下属们却逐渐发现，汉斯先生正学着去关心别人，倾听别人，了解别人。

假日的时候汉斯先生还是喜欢去乡间别墅，去和孩子们一起照管小鸟驿站。大家嘻嘻哈哈地忍受着他的"坏脾气"，但却打心眼儿里爱他。

下一个秋天来了，汉斯先生和孩子们又新建了一些小鸟驿站，趁着休息的当儿，他向大家宣布说："我知道，自从建了别墅，学校迁到河对岸后，给孩子们带来了很大的不便。我考虑再三，决定请人把别墅底层改成教室，你们以后不必过河上学了……"没等他说完，孩子们就兴奋地跳了起来，冲他叫着笑着，小手臂撒欢地在空中舞动，像小鸟的翅膀。

也许，小鸟驿站的确是一个很特别的地方，它能帮助的不仅仅是迷失在冬天的小鸟，还能帮助人们唤醒冷藏在心里的爱——在我们的世界里，有爱才会有永远温暖的春天。

与你共品
yu ni gong pin

　　文中的小鸟驿站确实是一个很特别的地方，它能帮助迷失在冬天的小鸟，还帮助人们唤醒冷藏在心里的爱，有爱才会有温暖的春天，有爱才会有不变的希望。在冰天雪地的冬天，爱就是温暖的春天。

个性独悟
ge xing du wu

　　★试体会从汉斯先生心中潜生的那种"不曾有过的奇妙的温存"是怎样的一种感觉？

　　★从汉斯先生手提斧子看到孩子们时的尴尬及面对孩子提出"每天来看小鸟"的请求后只是"生硬地点了点头"两处，可以看出汉斯先生哪一方面的性格特点？

　　★冬天过去，汉斯先生离开小镇的时候，"竟尾随了一大堆"，与刚来时的"孑然一身"形成鲜明对照。你认为汉斯先生逐渐受到小镇人们喜爱的原因是什么？

　　★汉斯先生的变化具体体现在哪些方面？

冬日正午／···[俄] 门捷霍夫

时值严冬，天空铺着一层厚厚的铅灰色。雪花飘，北风吹，天气透骨寒。她开着车，行驶在白雪皑皑的 S 形山路上。她换挡、刹车、踩油、打轮。她聚精会神、分外小心，仿佛车上载着她的无价之宝。

车上载着她的至爱。她的丈夫静静地躺在后座上，头枕她的红色滑雪服，身盖绿色驼毛被。随着汽车的颠簸，他的身子一上一下起伏着，时而歪向左边，时而滑向右边。

本来，躺着的应该是她，开车的应该是他。

夫妻俩四天前进山滑雪。那一天，天高云淡，雪白风轻。夫妻俩比翼齐飞，一会儿冲上山坡，一会儿冲下谷底。

千不该万不该，她不该玩捉迷藏的游戏。当时，她在前他居后，她转了 90 度向百尺崖滑去，躲在崖下的灌木丛后面。他一个俯冲，扬起团团雪雾。他站住了，揉了揉眼睛，东瞧瞧西看看，滑雪杆往她的藏身处一指，口中念念有词："天灵灵，地灵灵，灌木丛后藏着一个鬼精灵。"突然，他听到雪的撕裂声，一个猛虎扑食，把她推出丈把远。

在她被摔得四仰八叉的同时，发生了雪崩，他被埋没了。

她打手机招来抢险队，24 个人 48 只手扒了 66 小时，终于挖出了他。可是，他心不跳气不呼眼已闭。

汽车爬上一个陡坡，驼毛被无声地滑落下来。她从汽车的镜子里看见了，便敏捷地停车、开门、跳下去，又打开后门，一个大步跨上去。她拉起被子，平平整整地盖好，十分仔细地掖好。她弯下腰，在他前额的伤疤处亲了一口，又亲了一口。

她有吻这道伤疤的习惯，七年来，她乐此不疲，欲罢不能。这伤疤是她与他认识的印记。

那是一个夏天的黄昏，她在黑海之滨遇上了四个彪形大汉，虽素昧平生，却要对她颐指气使。他们齐刷刷地亮出尖刀，说是不听话就白刀子进红刀子出。

在过桥的时候碰上了陌生的他,她向他投去匆匆一瞥。顿时,平地起波澜,晴天响霹雳,发生了一场惊心动魄的格斗,赤手空拳的他愣是撂倒两个、俘虏一双。不过,他的前额被划了一道深深长长的口子,血流如注。

从此,她与他相识、相知、相恋、相许。

夜幕降临,汽车行驶在高速公路上。下弦月哭丧着脸,时而隐入云中,时而露出凄凄惨惨悲悲戚戚冷冷清清的小脸蛋。她渴了,想喝水。她拿起一个水壶,晃了晃,丁丁当当地响,她双腿夹住水壶,用右手拧开盖子。

"'小狗',你喝吗?"她问。

"小狗"一动不动地躺着,听而不闻。

喊丈夫为"小狗"是她的特权和专利。去年秋天,她和他去撒哈拉沙漠探险,两个人一条心,四只手一股劲。虽黄沙漫漫但其乐融融,虽千般辛苦但万般甜蜜,虽热浪滚滚但温情脉脉。就在胜利在望的时候,骆驼的尖牙啃破了木桶,水漫黄沙,转瞬间化为烟化为气化为乌有。好在还有一个铝质水壶,满满的。他俩深知对方的秉性,决定实行你一口我一口的平均主义分水制。于是,又拉钩又击掌,说是谁没喝谁就是小狗,谁就得刷一辈子马桶、洗一辈子碗。

显然,他的耐渴力远不如她。每次都是他先开口,"受不了了,喝一口吧!"说完,他就拧开水壶的盖子,脖子一仰,随着喉结的上下移动,咕咚一声又咕咚一声。然后,他递过水壶说道:"你也喝一口吧!"

就这样你一口我一口,一壶水喝了三天三夜,他俩终于跨出了沙漠。她高兴极了,张开双臂,准备接受他的拥抱和亲吻。可惜,他脸色苍白、呼吸衰微,一个趔趄,摔倒在地。

她把他送进医院,大夫说:"怎么搞的? 他三天三夜滴水未进。"

从此后,他自愿让她喊他小狗,她自愿又刷马桶又洗碗。

"小狗,你喝水吗?"她提高了嗓门儿。车子里静极了,没有回音没有回答。她不禁悲从心生,潸然泪下,串串泪珠洒落在貂皮衣服上,弹了弹,又水银泻地般地滚落下来。

这不是普通的貂皮衣服,它差点成了家庭经济的黑洞,差点要了他的性命。

入冬后的一天,他心血来潮陪她逛商店。她逛了一家又一家,他陪了一程又一程;她眼睛饱饱双手空空,他兴致勃勃热汗淋漓。

她在一件标价30万卢布的紫色貂皮衣服前停住了,她凝视着,轻轻地吹

四

冬殇

了一口气,掀起了层层紫色的波浪。

"买一件吧!"售货员满脸堆笑,"你穿上,准比赖莎漂亮。"

"买一件?卖1万卢布,我就买。"她素来有调侃的爱好。"那你等着吧,等上三十年。等到卢布升值、1卢布换1美元的那一天。"售货员也是调侃的好手。

只等了三个月,她就穿上了。是他给她穿上的,他上看下看左看右看,高兴得像过圣诞节的孩子。他拍了拍她的肩膀说:"大甩卖,1万卢布,跳楼价。"

穿貂皮衣服的感觉真好,男同胞青睐有加,女同事众星捧月。就连一向高傲的娜佳也放下架子,破天荒地有求于她:"把这件让给我吧,谁叫你有个能干体贴的丈夫。"她心里乐滋滋的,当即一手交衣,一手接钱。

回家后,她告诉了他。"你真伟大,让娜佳低下高贵的头。"她边说边递给他1万卢布,"明天你绕个道,给我再买一件。"

一个月过去了,不见貂皮衣服;两个月过去了,仍不见貂皮衣服。她左盼右盼,没盼来貂皮衣服,却盼来了巴甫洛夫医院的电话:"你马上来,你丈夫鼻青脸肿、肋骨断了。"

病床上的他不得不实话实说,那貂皮衣服,30万卢布一件,一分钱也不能少。为了它,他当了拳击手的沙袋子。

三年后,他们经济上翻了身,她又穿上了貂皮衣服,他买的,40万卢布一件,他实价实报。

时值正午,风停了,雪住了。汽车驶进了城市,她决定不了往哪里去。她抬起头,向前望去,一个鲜红的十字映入眼帘,巴甫洛夫医院几个大字在阳光下熠熠生辉。她马上有了主意,向医院疾驰而去,然后停下车,抱上他,飞快地向医院的急诊室跑去。

与你共品
yu ni gong pin

　　这是一篇读后令人心潮久久难平的文章,文中男女主人公的千般恩爱让人领略到了人间的真情厚意。文章除一首一尾外,完全采用的是回忆的叙述方式,除事故本身外,向读者讲述了三个感人的小片段。文章的结尾,更给人以许多许久的回味,虽然是戛然而止,却达到了余音绕梁、久久挥之不散的效果。

个性独悟
ge xing du wu

★"天空铺着一层厚厚的铅灰色。雪花飘,北风吹,天气透骨寒",从这段景物描写来看,你认为景物描写一般的要素有哪些?文中还有哪处能表现人物心情的景物描写?

★结合全文来看,她驾车为什么如此的"聚精会神、分外小心"?又与文中哪一句话相契合?

★"两个人一条心,四只手一股劲",文中还有哪处也是采用这种句式的?文中哪8个字能反映撒哈拉沙漠探险的艰苦?又有哪8个字能体现出艰苦的探险中她和他的恩爱?

★本文讲述了一个荡气回肠的故事,但作者为什么取名为"冬日正午"呢?

快乐阅读
kuai le yue du

第一场雪 / · · · 峻 青

　　这是入冬以来,胶东半岛上第一场雪。

　　雪纷纷扬扬,下得很大。开始还伴着一阵儿小雨,不久就只见大片大片的雪花,从彤云密布的天空中飘落下来。地面上一会儿就白了。冬天的山村,到了夜里就万籁俱寂,只听得雪花簌簌地不断地下落,树木的枯枝被雪压断了,偶尔咯吱一声响。

　　大雪整整下了一夜。今天早晨,天放晴了,太阳出来了。推开门一看,嗬!好大的雪啊!山川、河流、树木、房屋,全都罩上了一层厚厚的雪,万里江山,变成了粉妆玉砌的世界。落光了叶子的柳树上挂满了毛茸茸亮晶晶的银条儿;而那些冬夏常青的松树和柏树上,则挂满了蓬松松沉甸甸的雪球儿。一阵风吹来,树枝轻轻地摇晃，美丽的银条儿和雪球儿簌簌地落下来。玉屑似的雪末儿随风飘扬，映着清晨的阳光，显出一道道五光十色的彩虹。

大街上的积雪足有一尺多深，人踩上去，脚底下发出咯吱咯吱的响声。一群群孩子在雪地里堆雪人，掷雪球。那欢乐的叫喊声，把树枝上的雪都震落下来了。

俗话说，"瑞雪兆丰年"。这个话有充分的科学根据，并不是一句迷信的成语。寒冬大雪，可以冻死一部分越冬的害虫；融化了的水渗进土层深处，又能供应庄稼生长的需要。我相信这一场十分及时的大雪，一定会促进明年春季作物，尤其是小麦的丰收。有经验的老农把雪比做是"麦子的棉被"。冬天"棉被"盖得越厚，明春麦子就长得越好，所以又有这样一句谚语："冬天麦盖三层被，来年枕着馒头睡。"

我想，这就是人们为什么把及时的大雪称为"瑞雪"的道理吧。

与你共品
yu ni gong pin

下雪预示着寒冷，而今下了一场厚厚的雪，让我兴奋。俗话说"瑞雪兆丰年"，有了今年的大雪，将预示着来年的丰收！

大自然是一本读不完的书。感受大自然，你会领略到其中的韵味，找寻到蕴藏其中的美和快乐。

个性独悟
ge xing du wu

★文章在写"第一场雪"时，是采用什么方法写的？

★作者说的"瑞雪兆丰年"的科学依据是什么？

★"我想，这就是人们为什么把及时的大雪称为'瑞雪'的道理吧。"一句中的"这"指什么？

快乐阅读
kuai le yue du

初雪／···[俄] 普列斯林列

　　今天早上,我和我见到的那群孩子一样兴奋。他们挤在幼儿园的窗边,凝视着窗外魔法似的世界,叽叽喳喳地交谈着,仿佛圣诞节又突然来临了似的。

　　这是今冬的第一场雪。去年雪季,我在国外遇见了三位刚出访英国回来的圭亚那姑娘,有件事给她们留下的印象最深。她们住在索默塞特时,醒来见到那种"千树万树梨花开"的景致,她们如痴如狂地尖叫着,丢掉了作为端庄少女的矜持,冲出房间,在闪闪发光的白茫茫的雪地上来回奔跑,欢快地在没人踩过的雪地上留下了七零八落的脚印。

　　这第一场雪是一件充满魔力的大事。您上床时是一个世界,而您醒来时却是另一个别有洞天的世界。如果所有的雪一下子稀里哗啦地倒下来,半夜里把沉睡的人们惊醒,就会失去它迷人之处;而它却是在人们进入甜蜜的梦乡里,神出鬼没地、无声无息地、一小时又一小时地飘落下来。就在这卧室紧闭的窗帘外,一个极其壮观的情景开始了,就像无数仙童神灵在忙于作法,而我们躺在床上,转侧欠伸,竟毫无所知。当清晨人们步出暖室,眼前展现着一派多么惊人的变化呀! 好像您的屋子在一夜之间被神仙搬到另一个世界。就连半片雪花未进的屋子也与昨晚不同了,每间屋子都显得小了,也更温暖舒适了,恰如某种力量使您的屋子变成了一间樵夫的草舍或窄小的木房。远处的村庄不再是您所熟知的那样,屋顶攒集,而成了德国神话中的村子。那里所有的人们,戴眼镜的女邮政局长,皮鞋匠,退休老校长……也都经历了一番变化，成了古怪的精灵般的人物，会变出无形的帽子和魔鞋来。

全家人也都有一种难以名状、微微的激动和不安；这跟将要作一次旅行时常有的那种感觉十分相像。孩子们固然是兴高采烈，就连大人们在着手一天的工作前，也比平常更长时间地闲呆着，彼此交谈着，谁都会情不自禁地走到窗前去瞧瞧，就像在船上一样。

清晨，灰白色的大地和蔚蓝色的天空发出奇异的光；从窗户透进来，使梳妆打扮这一日常事体也显得古怪起来。早饭时分，色泽鲜艳的阳光给大地染上了羞容，把餐厅的窗户照得变成了一幅美丽的日本版画。又过了个把钟头，万物发出了蓝白色的寒光，那块日本版画不见了，所有的树木显出了又黑又瘦、张牙舞爪的本相，好像真有什么灾祸就要降临似的。又过了些时候，空中鹅毛乱飞，山峰模糊起来，屋顶越来越厚，树枝越来越肿，时隐时现，似乎已变成安徒生笔下的某种动物了，我从书房里仍可看到对面屋里的孩子们把鼻子紧贴在幼儿园的窗户上，都挤扁了。

这时，我脑海里响起了一首音韵不和谐的儿歌。小时候，我常把鼻子贴在冰冷的窗户上，一边看着纷飞的雪花，一边不停地唱着："雪儿，雪儿，快快下，你白如棉絮美如花，谁在苏格兰宰了鹅，鹅毛飘进我们家……"

与你共品
yu ni gong pin

这是一篇写景抒情的文章。作者抓住初雪无声无息、充满魔力这一突出特点，运用对比的手法进行描写，表达了作者看到了初雪后的欢快激动的心情。文章用脑海中响起的歌声结尾，意境优美，令人回味无穷。

在风吹麦浪里轻飞扬

个性独悟
ge xing du wu

　　★本文是一篇写景抒情的文章,作者通过写初雪抒发了什么情感?

　　★第三段写出了初雪什么特点?主要运用的是什么写法?第五段是按什么顺序描写初雪的?

　　★本文以"唱儿歌"结尾好吗?为什么?

　　★写出一个你十分欣赏的句子,并用"这个句子很美,美在……"的句式写一两句赏析文字。

快乐阅读
kuai le yue du

看雪 / ···赵丽宏

　　年初在北京,正好遇上一场大雪。

　　雪是无声地降落的。那天傍晚天色灰暗,也没有大风呼啸,以为只是个平平常常的阴天。第二天一早醒来,发现窗外亮得异常,原来外面的世界已经严严实实地被耀眼的白雪覆盖了。从近处屋顶上的积雪看,这一夜降雪约有三四寸厚。而此刻,雪已经停了。离我的窗户最近的一根电线上居然也积了雪,雪窄窄地薄薄地垒上去,厚度居然超出电线本身的四五倍,所以看起来那根电线就像是一条长长的雪带。凭空徒添这许多负担的电线在风中紧张地颤抖着,显得不堪重负,真担心它马上就会绷断……

　　这是怎样的一夜大雪?那些飘飘洒洒的轻盈的雪花在夜空中飞舞时,当是何等的壮观!假如集合这地面上的所有积雪,大概能堆成一座巍峨的雪山了吧。

　　有什么能比大自然玄妙的造化和神奇的力量更使人惊叹呢!

雪的世界是奇妙的。在一片茫茫的白色云中,城市原有的层次都淡化了、消失了,一切都仿佛融化在晶莹的白色之中。下雪之前的世界究竟是何种颜色? 现在竟然想不真切了,人真是健忘。

然而,这雪景似乎不宜久看,看久了眼睛便会有一种被刺痛的感觉。也许,人的眼睛天生是喜欢丰富的颜色的吧。白色,曾经被很多人偏爱,因为它拥有很多美好的属性,譬如纯洁,譬如宁静,譬如清高,等等。但是大多数人的喜欢白色,恐怕只是喜欢一束白色的小花、一朵白色的云,一方白色的丝巾、一件白色的连衣裙……要是白到铺天盖地,那就消受不起了,眼前这无边无际的雪景,便是极生动的一例。

茫茫的白色世界有一些鲜亮的色彩开始蠕动。几辆汽车像笨拙的甲虫爬上了马路,行人也三三两两走上了街头。车和人经过的地方,清晰地留下痕迹。车辆和脚印毫不留情地撕开了雪地神秘的面纱——积雪原来并不如想像的那么厚,车辙和脚印中显露出大地原有的色彩。晶莹寒冷的雪只是表象罢了。

一群孩子走到楼前的雪地上,又是滚雪球,又是打雪仗,尖尖的嗓音和雪团一起飞来飞去,弄得一片喧闹。最后他们的目标一致起来——堆雪人。极有耐心地用手捧,用脚刮,一个矮而胖的雪人居然歪歪斜斜地出现在孩子们面前。雪人周围的雪黯淡了、消失了,孩子们在欢言笑语中清除了他们这方小小天地里的积雪。他们又奔着喊着跑去开拓他们的新疆域了,雪人孤零零地丢在那里……

两只麻雀突然从窗前掠过,它们在空中急急忙忙盘旋着,嘴中发出焦灼的呼唤,似乎在寻找一个落脚的地方。也许,是积雪使它们熟悉的天地改变了模样,它们迷路了。我以为两只麻雀不可能在我窗前停留,想不到它们找到了一个我未曾预料到的落脚点——窗前的那根电线。一只麻雀先是从下而上掠过电线,翅膀只是轻轻地一拍,电线上积雪便卜卜地落下一段,另一只麻雀也如法炮制,又拍下一段雪,然后再一先一后停落在电线上。它们轻松地抖着羽毛,不时又嘴对嘴轻声地低语着,像是互相倾吐着什么隐秘,再不把那曾使它们惊惶迷惑的雪世界放在眼里。那根曾经被积雪覆盖的电线在它们的脚下有节奏地颤动着,积雪在不断地往下掉,往下掉……大雪忙忙碌碌经营了一夜的伪装,只十几秒钟便被两只小麻雀弄瓦解了……

窗外寒风呼啸,积雪大概不会一下便消融,但雪后的世界已不是清一色的白了,我心里的春意也正在浓起来。只要有美丽的生命在,谁能阻挡春天呢!

在风吹麦浪里轻舞飞扬

与你共品
yu ni gong pin

　　文题是"看雪"，但作者赞美的却不是雪，雪在文中只是一种衬托，衬托那些暂时被雪掩盖的生命。作者真正赞美的是生命。"只要有美丽的生命在，谁能阻挡春天呢！"

个性独悟
ge xing du wu

　　★这篇散文的题目叫《看雪》，但雪在文中不是作为被赞美的对象，它的作用是什么？请简要分析。

　　★作者是怎样描写雪后景观的？这样写的好处是什么？

　　★生活中有丰富多彩的颜色，请你依照下面句子这一种颜色写出它代表的属性。

　　"白色，曾经被很多人偏爱，因为它拥有很多美好的属性，譬如纯洁，譬如宁静，譬如清高，等等。"

　　★作者在文中真正赞美的是谁？请写出文中概括全文主旨的句子。

　　★你喜欢雪吗？雪在你的眼中是怎样的状态？请你根据自己的观察和感受，写一段关于雪的文字，不超过50个字。

雪的哲学 / ···庭 兰

欣赏雪景似乎是南方人的专利。

北方人是不会呆望着白茫茫厚地高天想半天的,也许北方人看雪,觉得它更像是老朋友,少了拘谨和客套;而下雪的日子,则是去岁和冬天定好的约会。

所以南方人在西子湖畔流连断桥残雪时,北方人正望着铺天盖地的大雪长叹明天又不能骑车上班。

记得老家在海南的几个同学考到东北的第一学期,正逢冬天的第一场雪。几个人兴奋得几天没缓过来,借了个相机,站在树底下摇,香雾般的醉雪瑟瑟地飘下来。片子后来洗出来,每一张都是雾如轻纱,宛如太虚幻境。

而土生土长的我们,则冷静地看着雪地上打滚的"南方人士",好像看见范进中了举。

"疯了,真的疯了!"我们说。

吉林人下雪后,第一处想去的地方是北山,不是去看揽辔桥雪后的衰草柏杨,而是要尽情地放雪爬犁。欣赏雪景和享受雪趣,北方人更偏重后者。

从山的最高处直放下来,心悬在半空,冷风从耳畔呼啸掠过,身子飘然而下,宛如天外飞仙。

拉着雪爬犁从山底拾阶而上,一步步达到最高处,很漫长的一段路;而从山顶放到山底下,不过是俄顷之间的事,简单如人的生死。

雪花飘忽轻灵,细心的人会发现每一片都是六瓣,每一片都各有不同。就是这样一片片细小精致的雪花,不停地落,厚厚地铺满了地上、房上、树上、山上……细一想来,雪的妙处就在于可以厚厚积攒,原来渺小的生命在积攒中,忽然变得伟大起来。

听雪是一种境界,听雪需要有心人。

沏一杯清茶,笼一旺炉火,摆一盘残局,然后静静地听着。

你会听到雪慢慢地慢慢地落在地上,"咯"地一声压断了枯枝,这是新生命向旧生命的挑战。

在风吹麦浪里轻舞飞扬

你会听到雪花洋洋洒洒地从窗户隙缝处溜了进来，然后你会听到踏雪的脚步声，踩在厚雪上，那么清晰地传来，似乎还可以闻到梅花幽远的清香……

走在雪地上，很自然地就想到了鲁迅先生的名言："其实地上本没有路，走的人多了，也便成了路。"

在雪地上走过的人，回身看自己留下的脚印，都会明白，自己的每一步都昭然在众人眼中。

所以，更珍惜所走的每一步。

与你共品
yu ni gong pin

　　本文构思新颖，作者不同于一般作家写景抒情，托物言志，而是以哲人自居，以哲人的眼光、哲人的思维表达哲人的思想。本文用"赏雪"（欣赏雪景）、"听雪"（享受雪趣）两个意境，表现了江南人对雪的兴奋、热情，北方人对雪的沉醉、迷恋。文章结尾主题升华，告诫人们要走好人生中的每一步。

个性独悟
ge xing du wu

　　★理解"欣赏雪景似乎是南方人的专利"一句话的深刻含义。

　　★读第二自然段，看看哪些词语用拟人的手法表现了北方人与雪之间的情趣。读第四自然段，说说你对"醉雪"的理解。

　　★"沏一杯清茶，笼一旺炉火，摆一盘残局"表现出人们什么情趣？

　　★读到文章的听雪部分，那么前半部分文章在写什么？两部分之间联系在哪儿？

四

冬
殇

雪野里的精灵 / ···· 李存葆

东坡居士面对邈远天昊,苍茫坤舆,曾发出这样的浩叹:"寄蜉蝣于天地,渺沧海之一粟。"我真正体味出这两句诗的涵义,是在多次晋谒了一棵巨树之后。

沂蒙山中的莒县,春秋时称莒国。比莒国历史更古老、更久远的是莒城西郊定林寺中的那棵银杏树。古银杏高约 25 米,周粗近 16 米,至今仍苍劲葱郁,岁结果千余斤。古树主枝周逸旁出,状若硕大无朋的莲花,繁阴盖地一亩余。

二十年前的一个夏日,我第一次站在这棵被称为"活化石"的巨树下时,顿被一种强大的生命光波所震慑,所征服,所溶解。古银杏那腾游时空的气魄,吐纳古今的恢弘,剪裁春秋的博大,抽黄谢绿的顽强,都使我感到自己的渺小和卑微。

后来,我又多次拜谒这棵古树,每每都会对苏子瞻的两句诗产生新的感悟。苏诗的前句言蜉蝣朝生夕死,喻生命之短暂;后句指的是生命所占空间之渺小,乃沧海一粟耳,人类虽然可以嘲笑"朝菌不知晦朔,蟪蛄不知春秋",但站在这棵树龄高达近四千载的古树前,仰望着无涯无际的"宇"——空间,思索着无始无终的"宙"——时间,我们便会感到:在宇宙间,地球仅是一粒微尘,人生更如同蜉蝣、朝菌、蟪蛄一般,只不过俄尔一瞬,稍纵即逝。

博大与渺小,久远与暂短,都是相对而言。定林寺里的古银杏无疑是一支巍峨峥嵘的生命进行曲。后来,我在雪野中两次偶然所见,则又领略了弱小生命吟出的生的礼赞。

那是 70 年代末的一个暮冬,我到崂山顶峰的驻军观察哨采访时,喜逢一场瑞雪骤从天降。这天早饭后,雪停天晴,哨长神秘地告诉我:"崂山仙境圣地虽多,但有一处向不为游人所知。它在哨所之下、上清宫之上的山谷里,战士们称它为'鲜花美女地',要睹其芳容,须在大雪之后。"我心中暗暗思忖:莫非山谷中有梅花开了,要去踏雪寻梅? 没容分说,哨长拉起我就走。

大雪后的崂山,峰若玉雕,石似晶铸,粉塑千松,银裹万树,简直变成了一座童话般的银色天堂。

从哨所直线下山,无路可行。我与哨长扶石踏雪,拽枝腾挪,当来到一向阳处的山坳里时,我俩俨然成了雪人。

此处有平畴半亩许,东西两边山崖上,古松奇槐相间,北面是一片竹林,竹丛旁有暗泉流动,像木琴一样敲打出丁冬丁冬的乐音。沉甸甸的积雪,缀满竹的枯枝黄叶,把亭亭玉立的竹竿压弯。整片竹丛竟像一群周身缟素的云鹤,交颈而眠。这时,我猛然发现,向阳的竹林边,竟有柔草如茵,毛茸茸,青翠翠,密匝匝,在这银色的世界里,织出了一小片绿毯。

哨长在这绿毯边沿旁的一巨石前面,正小心翼翼地用双手扒着雪层,并唤我过去观看。当我走至巨石下面,呈现在面前的竟是一片美妍的小花。我也快速而细心地用双手扒着雪层,但见小花一株株、一簇簇,攒攒挤挤,比肩争头。这些小花仅比米粒儿稍大,白的、紫的、蓝的、红的、黄的,五颜六色,星星点点。看到如此众多的小生命,坚忍不拔而又蓬蓬勃勃地活在这雪地里,我的眼睛被染得灿烂起来。我惊异地看着这些小生命,它们也仿佛睁着深情的眼睛凝望着我……

这些米粒般大小的生命,像是在告喻我:希冀、渴望、追求、向往,是一切生命的本质。即使天冷了地冷了宇宙的一切都冷了,它们也会顽强地举起美的萌芽,决不肯把生命的篷帆轻易降落。

这些美的萌芽,是春的启明星,它们正在呼唤着春蕊的艳丽,春树的繁茂,春蚕的吐丝……

寻找着,寻找着,雪层下面到处都有小花。我无意中发现,有几只小蜜蜂竟在一簇小花前默默殒灭,抑或是突来的春雪使它们猝不及防,竟过早地终结了它们勤劳的生命。它们与严寒抗争而殉身,是最早拥抱春天的使者。

崂山大雪后的美的奇遇,常常萦回脑际,使我难以忘怀。

前年元宵节前夕,我应长白山林场友人之邀,曾到雪国一游。此时的南国,已是和风惠畅,蝶舞蜂喧。山茶花早已开得红如胭脂,若霞似锦;木棉花也早在枝头上火焰般燃烧,开得轰轰烈烈……而这北国边陲,却仍冰封雪锁,寒风刺骨。久居京华、在钢盘水泥筑成的方块中生存的我,一投进原始大森林宽厚的怀抱,面对眼前的一片大洁白,呼一口空气,都感到分外惬意和清新。

北疆早春的大森林,虽然萧索且寂寞,但它赠我以深邃和幽远;雪国的大洁白虽然凝滞而单调,但它却深埋了一切龌龊,使我离了远方的喧哗与骚动,雪国的大洁白以诗意般的沉默赐我以诗意般的思索。

一日下午,我和友人在莽莽的安睡着的一片杉林里漫游。蓦地,有几点蓝色的彩光在雪地里闪动,一下跃入我的眼帘,燃亮了我的双瞳。我趋前蹲下细瞧,竟是几朵蓝色的小花。

这蓝色的小生命,由纤纤的细茎挑着,那吹弹得破的花萼,显得那样稚嫩和孱弱。此时,我的惊讶之状,绝不亚于在崂山中那次"鲜花美女地"里的寻找。

几朵蓝色的小花,使我的心灵受到巨大的震撼。这雪国中的蓝色小生命,纤细里充满着坚韧,孱弱里蕴藏着刚强,微小里含纳着博大;这小小的生命里,也浸透着星的璀璨,月的妩媚,日的明丽。它们以小小的蓝色火焰与巨大的寒流搏击,它们以火热的心律终于鼓破了厚厚的冰窖,它们是这漫漫雪国里生命的精灵! 友人告诉我,这蓝色的小花名叫"白头翁"。

定林寺中的银杏树,崂山雪地里的小花小草,还有这雪国中的"白头翁",都是造物主无与伦比的杰作,都是生命的奇观……

人们惯常喜爱吟诵刺破青天的大树,喜爱聆听它们博大生命的浩歌;人们也惯常喜爱咏唱那报春的腊梅,好像只有它才是惟一的傲雪斗霜的花魁。但浩歌是一种境界,寂寞也是一种境界。浩歌是夏的宣言与旗帜,寂寞则是春的预报和序曲。

天无私覆,地无私载。对憧憬着春天却不能轰轰烈烈、大红大紫的众多的小花小草,谁也没有权利去有意或无意地践踏它们……

与你共品
yu ni gong pin

　　本文用诗一般的语言、细腻的描写为读者展现了一幅幅生动的画面,通过三幅画面,描绘了三组奇观,抒写了对生命的感悟,表达出作者对幼小生命的关注与热爱,体现了文章的立意之美。

在风吹麦浪里轻舞飞扬

个性独悟
ge xing du wu

★"寄蜉蝣于天地,渺沧海之一粟"的含义是什么?在文中起何作用?

★找出能表现文章立意的段落或用自己的语言概括主旨。

★"看到如此众多的小生命,坚忍不拔而又蓬蓬勃勃地活在这雪地里,我的眼睛被染得灿烂起来。我惊异地看着这些小生命,它们也仿佛睁着深情的眼睛凝望着我。"这两句话抒发了作者什么感情?

★你见过大自然中其他的生命奇观吗?如果见过,请向同学们介绍。

快乐阅读
kuai le yue du

雪晚归船 / ··· 俞平伯

日来北京骤冷,谈谈雪罢。怪腻人的,不知怎么总说起江南来。江南的往事可真多,短梦似的一场一场在心上跑着;日子久了,方圆的轮廓渐磨钝了,写来倒反方便些,应了岂明君的"就是要加减两笔也不要紧"这句话。我近来真懒得可以,懒得笔都拿不起,起来费劲,放下却很"豪燥"的。依普通说法,似应当是才尽,但我压根儿未见得有才哩。

淡淡的说,疏疏的说,不论您是否过瘾,凡懒人总该欢喜的是那一年上,您还记得否?您家湖上的新居落成未久。它正对三台山,旁见圣湖一角。曾于这楼廊上一度看雪,雪景如何的好,似在当时也未留下深沉的影像,现在追想更觉茫然——无非是面粉盐花之流罢,即使于才媛嘴里依然是柳絮。

然而H君快意于他的新居,更喜欢同着儿女们游山玩水,于是我们遂从"杭州城内"蓂湖水而西了。于雪中,于明敞的楼间凝眸暂对,却也尽多佳处。皎洁的雪，森秀的山，并不曾辜负我们来时的一团高兴。且日常见惯的峦姿，一被积雪覆着，蓦地添出了多少层叠来，宛然新生的境界，仿佛将完工的画又加上几笔皴染似的。记得那时 H 君就这般说。

静趣最难形容，回忆中的静趣每不自主的杂以凄清，更加难说了。而且您不会忘记，我几时对着雪里的湖山，悄然神往呢。我从来不曾如此伟大过一回，真人面前不说谎。团雪为球，掷得一塌糊涂倒是真的，有同嬉的 L 为证。

以掷雪而 L 败，败而袜湿，等袜子烤干，天已黑下来，于是回家。如此的清游可发一笑罢？瞧瞧今古名流的游记上有这般写着的吗？没有过！——惟其如此，我才敢大大方方地写，否则马上搁笔，"您另请高明！"

毕竟那晚的归舟是难忘的。因天下雪，丢却悠然的双桨，讨了一只大船。大家伙儿上船之后，它便扭扭搭搭晃荡起来。雪早已不下，尖风却渐渐的，人躲在舱里。天又黑得真快，灰白的雪容，一转眼铁灰色了，雪后的湖浪沉沉，拍船头间歇地汩然而响。旗下营的遥灯渐映眼蒙眬地黄了。那时中舱的板桌上初点起一支短短的白烛来。烛焰打着颤，以船儿原欹颂，更摇摇无所主，似微薄而将向尽了。我们都拥着一大堆的寒色，悄悄地趁残烛而觅归。那时似乎没有说什么话，即有三两句零星的话，谁还记得清呢？大家这般草草地回去了。

与你共品
yu ni gong pin

　　"平平淡淡才是真。"读此文，就像在听一个老朋友讲述他一次冬雪出游的经历。没有轰轰烈烈，没有热情洋溢，只是淡淡地说，疏疏地说，这种冷静内敛的态度与雪晚归船的静相互映衬，更表现出一种静趣。

在风吹麦浪里轻舞飞扬

个性独悟
ge xing du wu

★文章在叙述的方式上,具有一种什么特点?

★作者对美丽的湖山雪景的回忆的感受是什么?

★文章结尾说,"那时似乎没有说什么话,即有三两句零星的话,谁还记得清呢?"作者那时记不清的是朋友的低语,记得清的是什么?

★《雪晚归船》这个题目与文章内容一样具有一种什么样的美。

快乐阅读
kuai le yue du

雪花飘飞 / ···佚 名

雪花在飘飞,飘飞。像无数只萤虫在追赶,追赶。

虽然下雪的时候不是萤飞的时候,虽然下雪的时候仅仅是准备和开始春耕春播的时候,但我们可以从飘飞的雪花上看到熟透了的麦粒和稻颗,看到围绕着它们欢舞的亮透了的萤光。

雪越下越稠密了。像无数只萤虫越飞越快活了。我们的视野,我们的愿望也越发亮堂越发宽远了。

我在想:雪花正在把待发的种子滋润;萤光将要把长成的果实照耀。在整个生产过程的两端,雪花和萤光遥遥相望而又确实紧紧相连啊!

雪花和萤虫都同样是孩子们喜爱的。他们从空中把雪花采摘下来,把萤虫捕捉起来,轻轻地捏着。

于是,他们的手被雪花染得更红了,被萤虫烫得更红了。

在他们红红的手上,我看见了岁月在燃烧,青春在闪烁……我看见了溶进雪花和萤光之间的、灌入种子和果实之间的,那无数股活鲜的红流;我看见了

四

冬
殇

采摘和捕捉幸福生活的劳动品格和劳动才能。

……雪花在飘飞,飘飞。孩子们在欢跳,欢跳。我的心啊,也跟随着在飘飞,在欢跳。

与你共品
yu ni gong pin

这是一篇借景抒情的散文。作者以眼前的雪花飘飞为触发点,进而展开联想和想像,对收获和劳动进行了歌颂。全文语言明快,具有很强的动感。

个性独悟
ge xing du wu

★第二段末说:"我们可以从飘飞的雪花上看到熟透了的麦粒和稻穗,看到围绕着它们欢舞的亮透了的萤光。"作者是依据什么作这样的联想的?

★作者看到雪花飘飞,进行丰富的联想和想像的目的是什么?

★第四段末说:"雪花和萤光遥遥相望而又确实紧紧相连啊!"既然是"遥遥相望",怎么又说是"紧紧相连"呢?

★这篇文章给人以明快欢悦的感觉,你能说说这种效果是怎样造成的吗?

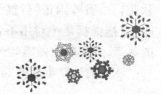

快乐阅读
kuai le yue du

<h1 style="text-align:center">江南的冬景 / · · · 郁达夫</h1>

　　凡在北国过过冬天的人，总都知道围炉煮茗，或吃涮羊肉，就花生米，饮白干的滋味。而有地炉、暖炕等设备的人家，不管它门外面是雪深几尺，或风大若雷，而躲在屋里过活的两三个月的生活，却是一年之中最有劲的一段蛰居异境。老年人不必说，就是顶喜欢活动的小孩子们，总也是个个在怀念的，因为当这中间，有的是萝卜、鸭梨等水果的闲食，还有大年夜、正月初一、元宵等热闹的节期。

　　但在江南，可又不同：冬至之后，大江以南的树叶，也不至于脱尽。寒风（西北风）间或吹来，至多也不过冷一日两日。到得灰云扫尽、落叶满街，晨霜白得像黑女人脸上的脂粉似的清早，太阳一上屋檐，鸟雀便又在吱吱叫，泥地里便又放出水蒸气来，老翁小孩就又可以上门前的隙地里去坐着暴背谈天，营屋外的生涯了。这一种江南的冬景，岂不也可爱得很么？

　　我生长在江南，儿时所爱的江南冬日的印象，铭刻特深；虽则渐入中年，又爱上了晚秋，以为秋天正是读读书、写写字的人的最惠季节，但对于江南的冬景，总觉得可能抵得过北方夏夜的一种特殊情调，说得摩登些，便是一种明朗的情调。

　　我也曾到过闽粤，在那里过冬天，和暖原极和暖，有时候到了农历的年边，说不定还不得不拿出纱衫来着；走过野外的篱落，更还看得见许多杂七杂八的秋花！一番阵雨雷鸣过后，凉冷一点儿，至多也只好换上一件夹衣，在闽粤之间，皮袍棉袄是绝对用不着的；这一种极南的气候异状，并不是我所说的江南的冬景，只能叫它做南岭长春，是春或秋的延长。

　　江南的地质丰腴而润泽，所以含得住热气，养得住植物。因而长江一带，芦花可以到冬至而不败，红叶亦有时候会保持得三个月以上的生命。像钱塘江南岸的乌桕树，则红叶落后，还有雪白的桕子着在枝头，一点一丛，用照相机照将出来，可以乱梅花之真。草色顶多成了赭色，根边总带点绿意，非但野火烧不尽，就是寒风也吹不倒的，若遇到风和日暖的午后，你一个人肯上冬郊去走走，则青天碧落之下，你不但感不到来时的肃杀，并且还可以饱觉着一种莫名其妙地含蓄在那里的生气；"若是冬天来了，春天也总马上会来"的诗人的名句，只有江南的山野里，最容易体会得出。

说起了寒郊的散步，实在是江南的冬日，所给予江南居住者的一种特异的恩惠；在北方的冰天雪地里生长的人，是终他的一生，也绝不会有享这清福的机会的。我不知道德国的冬天比起我们江浙来如何。但从许多作家喜欢以 Spaziergang 一字作他们创作题目的点，看来大约是德国南部地方，四季的变迁，总也和我们的江南差不多。譬如说 19 世纪的那位乡土诗人洛在格（Peter Rosegger 1843 ~ 1918）罢，他用这一个"散步"做题目的文章尤其写得多，而所写的情形，却又是大半可以拿到中国江浙的山区地方来适用的。

江南河港交流，且又地滨大海，湖沼特多，故空气里时含水分；到得冬天，不时也会下着微雨，而这微雨寒村里的冬霖景象，又是一种说不出的悠闲境界。你试想想，秋收过后，河流边三五家人家会聚在一道的一个小村子里，门对长桥，窗临远阜，这中间又多是树杈纵横的杂木树林；在这一幅冬日农村的图上，再洒上一层细得同粉也似的白雨，加上一层淡得几不成墨的背景，你说还够不够悠闲？若再要点景致引进去，则门前可以泊一只乌篷小船，茅屋里可以添几个喧哗的酒客，天垂暮了，还可以加一抹红黄，在茅屋窗中画上一圈暗示着灯火的月晕。人到了这一个境界自然会胸襟洒脱起来，终至于得失俱亡，死生不问了；我们总该还记得唐朝那诗人做的"暮雨潇潇江上村"的一首绝句罢？诗人到此，连对绿林豪客都客气起来了，还不是江南冬景的迷人又是什么？

一提到雨，就必然地要想到雪，"晚来天欲雪，能饮一杯无？"自然是江南日暮的雪景。"寒沙梅影路，微雪酒香村"，则是雪月梅的冬宵三友，会合在一道，在调戏酒姑娘了。"柴门闻犬吠，风雪夜归人"，是江南雪夜里更深人静后的景况。"前村深雪里，昨夜一枝开"，又到了第二天的早晨，和狗一样喜欢弄雪的村童来报告村景了。诗人的诗句，也许不尽是在江南所写，而做这几句诗的诗人，也许不尽是江南人，但借了这几句诗来描写江南的雪景，岂不直截了当，比我这枝愚劣的笔所写的散文更美丽得多？

有几年，在江南也许会没有雪地过一个冬，到了春间阴历的正月底或二月

在
风
吹
麦
浪
里
轻
舞
飞
扬

初再冷一冷下一点春雪的;去年(1934)的冬天是如此,今年看看冬天恐怕也不得不然,以节气推算起来,大约大冷的日子,将在 1936 年 2 月尽头,最多也总不过是七八天的样子。像这样的冬天,乡下人叫做旱冬,对于麦的收成或者好些,但是人口却要受到损伤;旱得久了,白喉、流行性感冒等疾病容易上身,可是想恣意享受江南的冬景的人,在这一种冬天,倒只会感到快活一点,因为晴和的日子多了,上郊外去闲步逍遥的机会自然也多;日本人叫做 Hiting,德国人叫做 Spaziergang 狂者,所最欢迎的也就是这样的冬天。

窗外的天气晴朗得像晚秋一样;晴空的高爽,日光的洋溢,引诱得使你在房间里坐不住,空言不如实路,这一种无聊的杂文,我也不再想写下去了,还是拿起手杖,搁下纸笔,上湖上散散步罢!

与你共品
yu ni gong pin

　　读完这篇散文,你会以为这是某位著名画家画的水墨画。文章开篇用北方人对冬天的怀念,引出冬天对人们的诱惑,激发读者的兴趣。接着把明朗的江南冬天呈现给读者,正因为有了这明朗的冬,才有江南人生活在江南冬里能感受到的情趣。这种情趣就像一阵阵花香,沁人心脾。

个性独悟
ge xing du wu

　　★说说文章从哪些方面表现江南冬景的特色的。请用课文中的词语概括江南冬景的特色。

　　★文中引用的诗句,分别描绘的是江南什么时候的雪景?

　　★读文章第七段,说说文中所描绘的画面有何特色。

　　★请用文中的四到五个常用雅词写一写江南的冬景。

白马湖之冬 / ···夏丏尊

在我过去四十余年的生涯中，冬的情味尝得最深刻的，要算十年前初移居白马湖的时候了。十年以来，白马湖已成了一个小村落，当我移居的时候，还是一片荒野。春晖中学的新建筑巍然矗立于湖的那一面，湖的这一面的山脚下是小小的几间新平屋，住着我和刘君心如两家。此外两三里内没有人烟。一家人于阴历十一月下旬从热闹的杭州移居这荒凉的山野，宛如投身于极带中。

那里的风，差不多日日有的，呼呼作响，好像虎吼。屋宇虽系新建，构造却极粗率，风从门窗隙缝中来，分外尖削，把门缝窗隙厚厚地用纸糊了，椽缝中却仍有透入。风刮得厉害的时候，天未夜就把大门关上，全家吃毕夜饭即睡入被窝里，静听寒风的怒号，湖水的澎湃。靠山的小后轩，算是我的书斋，在全屋子中风最少的一间，我常把头上的罗宋帽拉得低低地，在洋灯下工作至夜深。松涛如吼，霜月当窗，饥鼠吱吱在承尘上奔窜。我于这种时候深感到萧瑟的诗趣，常独自拨划着炉灰，不肯就睡，把自己拟诸山水画中的人物，作种种幽邈的遐想。

现在白马湖到处都是树木了，当时尚一株树木都未种。月亮与太阳都是整个儿的，从上山起直要照到下山为止。太阳好的时候，只要不刮风，那真暖和得不像冬天。一家人都坐在庭间曝日，甚至于吃午饭也在屋外，像夏天的晚饭一样。日光晒到哪里，就把椅凳移到哪里，忽然寒风来了，只好逃难似的各自带了椅凳逃入室中，急急把门关上。在平常的日子，风来大概在下午快要傍晚的时候，半夜即息。至于大风寒，那是整日夜狂吼，要二三日才止的。最严寒的几天，泥地看去惨白如水门汀，山色冻得发紫而黯，湖波泛深蓝色。

下雪原是我所不憎厌的，下雪的日子，室内分外明亮，晚上差不多不用燃灯。远山积雪足供半个月的观看，举头即可从窗中望见。可是究竟是南方，每冬下雪不过一二次。我在那里所日常领略的冬的情味，几乎都从风来。白马湖的所以多风，可以说有着地理上的原因。那里环湖都是山，而北首却有一个半里门的空隙，好似故意张了袋口欢迎风来的样子。白马湖的山水和普通的风景地相差不远，惟有风却与别的地方不同。风的多和大，凡是到过那里的人都知道

在风吹麦浪里轻舞飞扬

的。风在冬季的感觉中,自古占着重要的因素,而白马湖的风尤其特别。

现在,一家侨居上海多日了,偶然于夜深人静时听到风声,大家就要提起白马湖来,说"白马湖不知今夜又刮得怎样厉害哩"!

与你共品
yu ni gong pin

　　全文语言平实、感情平缓,作者于平淡文字中生动地描写了"白马湖之冬"——"那里的风,差不多日日有的,呼呼作响,好像虎吼","至于大风寒,那是整日夜狂吼,要二三日才止的","最严寒的几天,泥地看去惨白如水门汀,山色冻得发紫而黯,湖波泛深蓝色"。作者身处如此恶劣的环境中,却能"深感到萧瑟的诗趣",并"把自己拟诸山水画中的人物,作种种幽邈的遐想",字里行间我们看到了作者随遇而安的乐观个性及高远淡泊的人生志趣。

个性独悟
ge xing du wu

　　★作者身处如此寒冷萧索的环境中,却能"深感到萧瑟的诗趣",并"把自己拟诸山水画中的人物,作种种幽邈的遐想",从中你能看出作者具有一种什么样的个性和人生志趣?

　　★删去结尾一节可以吗?为什么?

　　★请你把作者笔下的白马湖的冬天和老舍的笔下济南的冬天作一比较,各用一个词语概括这两处冬天的特点。

　　★你所在的地方冬天有什么特点?用几句描写性的语言来表现这个特点。

作文链接
zuo wen lian jie

冬/···兰天虹

一提到冬天,人们就自然和萧条冷落、枯木蓑草的景色连在一起,似乎冬天是冷酷无情的了。然而,我今天却要为冬天唱一支赞歌,赞美冬天那高尚的风格。

冬,它是圣洁的象征。当时间老人的脚步跨进冬天时,整个世界便被那纯洁、晶莹的雪花覆盖了,连水面也罩上了光闪闪的冰凌。房屋楼阁在雪中静默,土墩、田坎在银光中陶醉,山舞银蛇,原驰蜡象,道路如明月轻洒,树枝如梨花绽放,绵绵的"柳絮"在空中荡游,甜甜的"白糖"从天而降;而龌龊的阴沟,肮脏的粪堆,完全在冰雪寒风中覆没了。啊!整个世界仿佛踏进了龙王宝殿,整个心也似乎沉浸到水晶之中去了。是呵!假如没有冬,怎能有"红装素裹,分外妖娆"的奇景,又怎能有"忽如一夜春风来,千树万树梨花开"的佳句。而古人用"一片冰心在玉壶"来形容心地的纯洁,依我看,冰——冬之宠儿,也当之无愧了。

冬—— 一位可敬的严师,它像保温瓶一样,外冷心暖,默默地给了生命严峻的考验,筛选,淘汰,练就了多少不畏艰险的强者。不正是"大雪压青松,青松挺且直",方得出"要知松高洁,待到雪化时"的结论吗?不正是"风霜重重恶",乃有菊花"性与凡草殊"、"风霜其奈何"的豪气吗?不正是"隆冬到来时",才有"红梅不屈服"、"树树立风雪"的风格吗?是的,古人"映雪读书"、"食雪炼志",也更是冬之严教了。冬游、冬训、冬练、冬跑……冬啊!你的性格,你的品行,刚毅坚韧,多少人从你身上得到启示,磨炼出永久坚强、不畏艰难。忍辱负重的品质!冬,你纵然在"冷酷"的十字架上被钉了千百年,却从不擅离职守,叫屈鸣冤,默默地把自己的一滴滴血液注入有志者心田……

冬—— 一个兢兢业业、无微不至的保姆。你用自己的一只手——雪,把那青绿的麦苗爱抚地搂在怀里,给他以温暖和关怀。麦苗在那层棉被下静静地期待,期待着来春生长发育。蛇、鳝、蛙、熊等等,有的钻进了深泥,有的藏入树洞,休息一冬,养精蓄锐,方有新春来到时的精神振奋。你用自己的另一只手——

寒风,举刀挥剑,把那些残害农作物的害虫,砍光杀尽;把那些残害人类、牲畜的豺狼虎豹驱赶进深山老林。冬呵!你严守阵地,不容侵犯;你,是一位最负责任的对友火热温情、对敌残忍无情的好保姆。

冬,我之所以要赞美你,更重要的是,因为你还是哺育春天的摇篮。"冬天来了,春天还会远吗?"在冬天里,思想被提纯了,意志被炼坚定了,力量在储蓄着。一旦春风拂面,一切便争先恐后,生气勃勃,万紫千红,千姿百态。仿佛含苞的花蕾忽然绽开。冬天啊,你撒满天瑞雪,裹着春天酣睡,可是到头来,你却情愿让冰晶玉洁的肌体化作万里春水,无私地、慷慨地去浇灌,去润泽大地。在这充满着对新春赞语的时候,你却永远地在一年的历史上消失了,被那些幼嫩、稚小的青苗吮吸、利用。你,孕育春而不争春,真是"留取丹心照汗青"啊!

冬,我赞美你品格高尚,崇敬你洁白无瑕。我爱你、想你、盼你,像对待每一个季节那样;我爱你、想你、盼你,不管世俗的偏见怎样厉害。冬——四季之一的冬,你来吧!我喜欢你纯净的身躯,喜欢你严厉的性格,我要在你的怀抱中锻炼、奋斗、成熟……你可以和春天的百花、夏天的麦浪、秋天的瓜果……媲美!

冬,我要为你呐喊一声:"爱冬吧!"我要翻开《辞海》,为你添写新的注释,用泛青的麦苗,用枝头的花瓣!

【简评】

作者以热情洋溢的笔触,为我们描绘出了迷人、可爱的冬天。文章层次清晰,既要赞美冬,就要按一定的秩序抒发感受。作者从四个层次表达感情,分别为:一、冬是圣洁的象征;二、冬像一位可敬的严师;三、冬是一位兢兢业业、无微不至的保姆;四、冬更是哺育春天的摇篮。

文章语言流畅、激情饱满、意味深长,感染力强,看后令人情绪高涨。

四

冬殇

感受冬天 / ···余 弦

今年冬天就快过去了,可是泸州仍很暖和,因此,我们去了都江堰的龙池,感受冬天。

汽车在盘旋的山路上行驶,远处连绵不断的山峦与山上的雪已隐隐可见了。山上大多呈深褐色、墨绿色,中间点缀着白色。奇峰相连,镶银点翠,一座座山,一片片树,都是冰绡素裹,山间云雾缭绕,给人一种奇幻的感觉。

又走了一段路,两旁的房顶上面全是白茫茫的,两旁的树木也银装素裹,水上也结了一层冰壳⋯⋯如此琼楼玉宇,竟在人间,而非天上。

进了山门,路开始不好走了,路上全结了冰,滑溜溜的,好容易才上了山。

多美的雪景啊!山上一片洁白,点缀着和谐的阴影和未被雪覆盖的绿的颜色。树枝结冰了,全变成玻璃样的大大小小、弯弯曲曲的棒棒,错落有致地组合起来,像水下的珊瑚宫殿。凛冽的寒风一刮,摇动那结冰带雪的树枝,大树在摇晃中抖落身上的积雪,哗!哗!到处都看见雪的瀑布。穿梭在这丛林中,冰枝拂衣,脆折有声,白雪压地,不见寸土,确实是个绝无纤尘的世界。

在这冰清玉洁的世界里,人们忘记了年龄,忘记了辈分,沉醉在这纯洁无瑕的境界里,他们一起堆雪人、打雪仗;小朋友们不畏严寒,用冻红了的手在雪地里挖雪,用一个个雪球打得大人们求饶。大人们也找回了失去多年的童真,像孩子似的,在雪地里追逐嬉戏,甚至坐在雪橇里又笑又唱,成了一群大孩子,在这雪的世界里感受冬天。

"呼",呼出一口气,看着它升上空中,好似听到它正"咔嚓,咔嚓"地结成冰粒。听说这龙池便是龙呼出的气结成了冰,到了夏季又化成水,这样年复一年,才成了一个水池的。人们在冰上小心地走着,却也有不少人摔得四脚朝天,笑煞了旁人。

冬季的天到了下午 3 点,就阴沉了下来,天上飘飘扬扬下起了雪,人们激动得唱呀,跳呀!这雪纷纷扬扬,像烟一样轻,像玉一样莹,像银一样白,从天空洒下,亲吻着游人们。一阵风吹过,雪花像轻柔的柳絮,团团起舞,冰枝上,一团团,一串串,落满了雪,远远望去,好像千万朵怒放的梨花。

下山了,我坐在缆车上,俯视龙池的冬天,一片冰天雪地。雪中的龙池,高处银装素裹,低处白絮成堆,玉树银枝交辉,飞卷雪花轻舞,一切都是那么迷人,那么真切地透露出冬的气息,冬的韵味。

仰望天空的雪花,我向这些白色的精灵许下心愿:明年,我还来这里感受冬天。

【简 评】

作者以游踪为序,用移步换景的方法,由远及近地介绍了感受冬天的过程。先渲染了冬天的气氛,接着以雪为侧重点,描绘了一个银装素裹的冰雪世界。描写中渗透出作者无比兴奋和喜爱的情感。文章中既有正面描写,也有侧面烘托,将一幅幅冬景展现在读者眼前。层次感很强,过渡自然,很值得一读。

塞北的冬天/ ·· 王 野

我在塞北长大,特别喜爱塞北的冬天。而冬天里那凛冽的寒风、挺拔的树木、翻飞的雪花,尤使我钟爱。

当萧瑟的秋风摇落最后一枚枯叶,塞北的冬天便如期而至,从封冻的河中,从河岸光秃秃的树梢中,从树梢上孤零零的鸦巢中悄然而至。

作为冬天的使者,塞北的风体现了塞北冬天的风格。南方的风是轻的,柔的,吹在脸上,确实舒服,但却缺少阳刚之气。而塞北冬天的风,却有一种刚健的美:粗犷、豪放。它美得自然,美得刚烈,充满了男子汉的豪爽气魄。凛冽的寒风呼啸着掠过层层山峦,跨过条条冰河,刀子般刮在人们的脸上,虽然觉得冷些,但却冷得爽快,冷得精神抖擞,冷得浑身是力量。

塞北的树,可以说是塞北冬天的一种点缀。它们褪尽了绿色,又披上了赭黄色的外衣。那一棵棵树,仿佛是守卫边疆的哨兵。它们迎着怒号的寒风,傲然挺立在冰天雪地之中,接受着严寒的洗礼。南方的树虽然冬夏常青,给人一种青春永驻的感觉。但是,你如果到过塞北,看过塞北冬天的树,你就会深深地感受到,塞北的树体现的是一种倔强的性格,是一种在逆境中坚强不屈的斗争精神。它能给人以某种启迪,给人以奋发向上的勇气和力量。

还有雪呢!洁白无瑕的雪更是塞北的专利。一阵北风吹过,不知从什么地方卷来一片云,于是,便纷纷扬扬地下起鹅毛大雪来,犹如天女散花,又似群蝶欢舞。不一会儿,地上便是白白的、厚厚的一层。踏上去,脚下的"嘎吱"声汇成了一曲动人的旋律——《塞北的雪》。

雪后的世界又是一种奇观:大街、墙头、房顶、树木、远山……一片洁白,整个世界仿佛变成了粉妆玉砌的天宫。特别是树上,挂着一串串的"树挂儿",晶莹而多芒。上面还覆盖着一层薄薄的"奶油",毛茸茸的,十分惹人喜欢。伸手去摸,指尖刚碰到树枝,那些"树挂儿"便簌簌地落下来,掉在蓬松的雪地上,令人既觉惋惜,又无可奈何。

太阳一出来,更是霞光万道,雪地生辉。金色的阳光映在雪地上,幻化出光彩,织成一道美丽的虹。天地间仿佛是一幅巨型油画:天是蓝的,太阳是金色的,大地是白的,这蓝、金、白三色相互辉映,煞是美丽。无怪乎一代伟人毛泽东在《沁园春·雪》中叹道:"须晴日,看红装素裹,分外妖娆。"不到塞北来,怎能看到如此瑰丽的人间仙境?

朋友,到塞北来吧!听塞北冬日的风,看塞北冬日的树,赏塞北冬日的雪。我相信,只要你来到塞北,你就会深深地爱上美丽的塞北的冬天!

【简评】
Jian ping

这篇绘景抒情散文写得层次清晰,结构严谨。全文层次清晰,过渡自然,首尾呼应。另外,语言流畅,文句优美也是本文的特点之一,文章字里行间流露着作者对塞北的爱恋之情。

冬 韵 / ·· 蔡崇达

刚刚送走玉簪花那还未散尽的花香,便又是冬了,这南国的冬就像睡得正酣的安琪儿,幼嫩的肌肤、甜美的睡姿,可爱得让人想亲昵地把它搂住。

我,就在后园里随便走走。

正是初冬,园里并不凄凉,也不冷寂,是有些冷,有些静,但却有澄明的阳光。还有叶,薄如蝉翼的落叶,这可人的小精灵来不及随秋褪去,抑或是许了与冬厮守的海誓山盟。还有风,纤纤细细,不掺杂一丝胭脂味的风……满园的冬色,柔嫩如细绢,又像婷婷走来的小家碧玉,一举一动,优雅却不矫揉,素面却也清新得可人,出落得脱俗。

仔细地听呵,仿佛可觅得依稀的丁香悄然落蕊的声响,又似有昨日黄花淡淡、柔柔、纤纤的脉搏,搜寻时,却是一片渺茫,但心灵出奇的清醒,没有探求不得的落寞,也没荡起一丝波澜,或许这南国的冬早已滤去秋之哀婉,夏之浮躁,剖开一切易喜易悲的尘俗情缘,超脱自然之外,淡然世事颠簸……这是一种难得的大气度,大概也正因为这气度之所在,南国的冬才会有寒而不冷,静而不寂的曼妙的意境吧!

听人说,北国的冬来得潇洒,风风火火,说雪就雪说风就风,听说而已,但见了南国的冬,谁又能想像还有那么一个情绪化的冬呢?

你看,那从寒波烟色踏歌而来的晨晖,婉约得可人,没有咄咄逼人的气势,有的只是温暖的包容;那云雾江畔曼舞而来的风,也优雅非常,轻轻走向你,摇落一串冬意,却从未带走一点温暖……

请来,请轻轻地走来,轻轻地坐下,轻轻地挥别浮在心头的秋的愁云,静静地听花草那脱离躯壳的灵魂正躲在这里欢笑,从秋的枝丫跌落的希望也在这里筹划又一次萌芽的童话。

请来,请轻轻地走来,轻轻地坐下,卸下踽踽独行的一身倦怠,用冬包裹自己,等待另一个裂变的过程,另一个梦想的孵化。

请来,请轻轻地走来,在季节不断的循环中开一扇冬天的窗,相信在驻足之后,你能很快走向另一个花开时节。

【简 评】

这篇散文读来清新、诱人。南国的冬如"睡得正酣的安琪儿",叶似"可人的小精灵",风如同"婷婷走来的小家碧玉"。一切都是那么人性化,且优雅、婉约。让读者走进南国的冬——寒而不冷、静而不寂的曼妙意境中。